教育に浸透する自衛隊

「安保法制」下の子どもたち

「教育に浸透する自衛隊」編集委員会／編

JN258295

同時代社

はじめに

永井栄俊（立正大学非常勤講師）

私たちは、二〇一四年一一月にブックレット『高校生をリクルートする自衛隊・自衛隊の手法を取り入れる教育行政』を上梓した。今回と同じように編集委員会の制作であった。自衛隊の教育現場への浸透政策が激しくなっている時期であり、自衛隊と教育を取り扱った小冊子としては最初の出版物であった。この時の出版は、現況の教育現場への自衛隊浸透・介入の進行に対する闘いの武器としての趣旨であった。

二〇一三年に、東京都立田無工業高校の生徒が自衛隊の朝霞駐屯地で「隊内生活体験」を行うという驚くべき教育の状況が生まれていた。二〇一一年の東日本大震災に関連して、全都立高校で宿泊を伴う防災訓練の実施が始まっていた。この宿泊防災訓練に名を借りて自衛隊駐屯地での訓練を高校生に実施していたのである。そして、翌二〇一四年には東京都立大島高校生が神奈川県の自衛隊武山駐屯地で「隊内生活体験」を実施することが明らかとなった。右記のブックレットは、この都立大島高校の自衛隊訓練の時期に焦点をあてて、これを批判することの趣旨から、訓練実施の前に出版したのである。その成果もあり、都立高校生の自衛隊駐屯地での訓練は二〇一五年度にはなくなった。その経過については、本書で詳しく紹介することとする。

しかし、二〇一五年九月に安倍政権は「戦争法案」ともいえる「安保関連法」を強行採決して、軍事大国化への道を歩み始めた。このために、小・中学生や高校生などへの自衛隊へのリクルート活動が盛んになってきている。ところが、この安保関連法の成立により、南スーダンなどへの戦場派兵が現実のものとなってきた。このため、派兵される自衛隊員やその家族などからも派兵反対の訴訟がおこされるなど、安保関連法に対する国民や自衛隊員の側からの反対気運が高まるなどしており、自衛隊への入隊希望者は二割も減少しているのが実情だ（「東京新聞」二〇一五年一〇月二四日付）。そのために、より一層活発な募集活動が進められている。防衛省の自衛隊員募集の窓口は都道府県ごとの地方協力本部（以下「地本」とする）である。この各地本ごとに隊員獲得競争が激化しているのである。

安倍政権下で進む「軍学共同」政策

安保関連法に基づく安倍政権の教育への介入は大学への資金の削減と他方における膨大な研究費供与の政策によって、「軍学共同」の路線が始まっている。すでに多くの研究者らが告発を始めており、安倍政権は、二〇一三年に「国家安全保障戦略」「防衛力整備計画」「防衛大綱」を確立して、急速な防衛力の強化を進めている。そんな中「安全保障技術研究推進制度」を創設し、防衛省の提示する研究テーマに資金を提供する制度を作っている。

これは、防衛装備庁の「安全保障技術研究推進制度」というもので、軍事研究のための競争的資金制度なのである。その狙いは、防衛装備（兵器・武器）の開発・高度化のために、大学・研究機関が持つ先端科学技術を発掘し活用しようとするものである。その予算は巨額で、二〇一五年度は総額三億円、一六年度は六億円にも膨れ上がっている。そして、一七年度は一一〇億円という膨大な予算が計上されており、今、資金援助するための研究テーマを募集している。これに応募して巨額の研究費を得て軍事研究に寄与することになる。また、米軍が日本の研究者に延べ百二十八人、八億円の研究調査資金が渡されていた事実も判明している（「毎日新聞」二〇一七年二月八日付）。

　他方で、国立大学の法人化により大学研究費を大幅に削減しているのである。つまり、軍事転用の研究には金を出すが、そうでない研究は研究費に枯渇する状況にさえ陥っているのである。池内了さん（名古屋大・宇宙物理学者）はこれを「学者版経済的徴兵制」であると称している（「the big issue japan 二九一」）。池内さんによると宇宙開発の分野でその傾向が顕著で、宇宙開発がそのまま軍事開発につながっているという。実際、軍事と対局にある社会科学系の研究では、大学でその学部自身がなくなる状況さえ生まれている。カタカナ名の学部が増えたり、大学研究者との雇用関係を期限付きで更新する制度も始まったりしている。政権批判を生むような研究を潰して、軍事優先の研究体制が始まっているのである。

　こうした状況の中で現在（二〇一七年一月）、研究に応募しないことを呼びかける署名活動が始まっている。大学研究者を中心に呼びかけられており、池内了（前出）や井野博満（東大名誉教授・金属材料学）などの宇宙・理化学系の研究者だけでなく、社会科学系の学者も呼びかけ人に参加している。国家の軍事・安全保障優先主義は、学校現場にも国家や自衛隊の介入といった形で進行している。本書ではこうした自衛隊の教育への浸透や自治体への介入の実態を明らかにして、安倍政権の安保国家体制づくりへの批判としていく。

目次

I

「隊内生活体験」を「宿泊防災訓練」と言い換える東京都教育委員会

二〇一四年〜一六年都教委への要請書・質問状提出経過の報告

中川信明（練馬教育問題交流会）

私たちブックレット編集委員会は、二〇一四年一一月一九日、二〇一五年五月一一日、同年七月三一日、二〇一六年四月七日と、東京都教育委員会（以下・都教委）に対して、「都立高校の自衛隊施設での防災訓練名目の自衛隊の『隊内生活体験』という事実上の体験入隊にあたる学校行事を行った件」について、「要請書」や「質問状」を出してきた（巻末に二〇一六年四月七日要請書――四月二八日回答を掲載）。私たちは、「防災訓練」を推進してきた指導部高等学校教育指導課の担当者と面と向かい、直接質問し、さらに疑問点について追及する場を求めてきた。ところが、実際には、総務部教育情報課が私たちの要請・質問を文書と口頭で受け取り、後日、文書で一方的に回答するということが繰り返されてきている。以前は、事前にアポイントメントさえとれれば、教育問題をめぐって、都教委の担当者と交渉をもつことができた。ところが、石原都知事就任以降、そして「日の丸・君が代」の強制に関する「一〇・二三通達」以降、「君が代」処分に対する市民団体や教職員団体の抗議や要請を回避するために、教育情報課をクッションに置く今の形をとるようになったのである。しかも、後述するように、私たちは、少しでも真実を明らかにしようと角度を変えながら質問を繰り返してきた。ところが、都教委の回答は、いつもほぼ同じ内容で木で鼻をくくったようなひどい回答が繰り返されてきたのである。しかし、直接の担当者に面とむかって追及する場が保障されていないために、その疑問点を解くことができない。私たち都民に対して説明責任を果たさない都教委の姿勢は、東京の教育の責任の一端を担う者としてありえないと言わざるをえない。

私たちの第一の疑問点は、陸上自衛隊朝霞駐屯地における都立田無工業高校の、また陸上自衛隊武山駐屯地における都立大島高校の「宿泊防災訓練」は、「防災訓練」とは名ばかりで、実態は「隊内生活体験」であったのではないか、ということだ。ところが、生徒・保護者むけの文書には「宿泊防災訓練」となっており、防衛省に提出した文書と、生徒・保護者向けの文書の内容が異なる問題を都教委に質問したのである。しかも、自衛隊には「防災訓練」のプログラムは存在しないことを自衛隊自身が認めている。この明確な矛盾点を都教委にぶつけたのであるが、都教委は、「あくまでも防災訓練である」を強弁するばかりなのである。また、「自衛隊は、災害救助において大きな力を発揮しており、発災時の対応や防災に関する知識・技術を防災訓練として学ぶことは、大変有効です」(二〇一五年八月二一日)「防災訓練として実施した。東日本大震災等の発災時の対応のように、豊富な知識や高い技術を有している自衛隊と連携して防災訓練は、大変有効です」（二〇一六年四月二八日）などと、一方的で空疎な回答を繰り返すばかりである。しかし、前述のように、担当者に直接その疑問をぶつけられないために、それ以上踏み込めないもどかしさが募るばかりである。

第二の疑問点は、日頃、児童生徒のプライバシーに神経をとがらせているはずの都教委が、都立大島高校の「宿泊防災訓練」に参加した生徒の写真が陸上自衛隊の「広報誌」に掲載されたことについて黙認していることである。この点についても三度にわたって質問したが、「広報誌は、他の機関が発行し、掲載したものです。責任の所在を問われてもお答えできません。」（二〇一六年四月二八日）と、無責任な回答を繰り返すばかりであった。都教委は、生徒の人権を守る責任を放棄し、自衛隊に子どもたちのプライバシーを安易に売り渡してしまった。

私たちはまた、田無工業高校や大島高校の「宿泊防災訓練」のみならず、練馬工業高校で二〇一〇年度から一四年度まで続けられた「奉仕」の時間の「災害救助体験」名目の練馬駐屯地訪問や深沢高校の自衛隊施設におけるインターシップの実施についても質問してきた。まず、二〇一五年五月一一日付要請書で「…『奉仕』の体験施設として自衛隊がふさわしいのか否かが疑問なのである。この点について適切であるとされる理由をお答えください。」と質問したのに対して、「教科『奉仕』では社会に貢献できる資質を育成することを目標とし、実践的活動を通して、問題解決に向けて諸活動を主体的、創造的、合理的に行う能力と態度を育成しており、奉仕体験活動の一つとして、災害救援活動を挙げています。」（二〇一五年六月一〇日）と完全に質問と食い違ってはいるけど、建前にとってつけたような理由らしきものを力説をしている。ところが、二〇一六年四月七日付要請書で、練馬工業高校が「教科『奉仕』による災害救助活動体験」として実施しているのに対し、陸上自衛隊側は「青少年防衛講座」として、「自衛隊に対する親近感を醸成するとともに防衛を理解するため」に実施した、としている点を指摘し、その矛盾について問いただしたところ、「教育課程の編成及び実施に関しては、各学校において校長の責任の下、決定しています」（二〇一六年四月二八日）と、学校に責任を負わせて完全に責任回避をしているのである。「奉仕」についての「ご高説」は一体どこにいってしまったのであろうか？

インターシップについては、私たちの「自衛隊は、インターシップの対象として馴染まないと思うこと。また、インターシップの対象から自衛隊を除外することが必要だと思います。教育委員会の考えをお願います」と問い質した。これに対して都教委は、「インターシップでは、多種多様な体験の機会を与えることにより、職業観や勤労観、更には進路を主体的に選択する能力を育成できると考えます」（二〇一六年四月二八日）と、一般論を述べるのみであり、まともに回答をしていない。インターシップは、まさに自衛隊のリクルートに直結するものであり、都教委はきちっと弁明すべきである。

このように、砂をかむような、空しさばかりが残る都教委とのやりとりであったが、都教委側にはボディブローのようにじわじわと利いていったことは間違いない。実際、自衛隊駐屯地における「宿泊防災訓練」は、二〇一五年度、一六年度は実施されていない。また、都立練馬工業高校の「教科・奉仕」における自衛隊駐屯地訪問も一五年度以降行われていない。やはり、問題を指摘され続けて、続けるわけにはいかなくなったのだと思う。しかし、一方で、都立高校で行われる「宿泊防災訓練」において自衛隊員が講話を行なったり、インターシップ名目の自衛隊施設訪問は繰り返されている。それらについてもストップをかけていくためにも、今後も都教委に対して要請書や質問状を提出しつづけ、情報公開で問題を明らかにし、このブックレットのように記録を公にしていくことが必要であると考える。

2

TVアニメや漫画雑誌を利用して「自衛隊」や「愛国心」が注入されている

永井栄俊

東京新宿の大きなビルの一室に自衛隊東京地方本部（東京地本）の事務所がある。その受付の壁に大きなポスターが貼られていた。「TVアニメ『GATE―自衛隊　彼の地にて、斯く戦えり―』放送開始」と書かれたポスターであった。二〇一六年一月より九月まで東京MXTVで放映された。柳井たくみ作のWEB小説をアニメ化したものである。

小説のあらすじは、突如銀座に「門」（ゲート）が現れ、その門を通してモンスターや中世ヨーロッパの騎士等の軍隊が現れる。彼らは民間人を無差別に殺りくし、その屍で銀座に屍山を築いたりする。しかし、自衛隊や警察の反撃によって敵を壊滅させる。また、門の向こう（特地）に膨大な資源が存在する可能性を知った日本政府は、自衛隊を門の向こう（特地）に派遣したりする。この門を通していろいろな勢力が侵略してくるのを自衛隊が撃退したりする。長い連載で、門がいろいろな場所に出来たり（例えば江田島に）、「二重橋の英雄」と言われる人物が現れ人々の尊敬を集めたり、その内容は戦前軍国主義国家をほうふつさ

「GATE」のイラスト

せたり、現実の自衛隊を映し出したり、まさに若者への自衛隊宣伝なのである。

こうした自衛隊の情宣活動のようなアニメや漫画は、すでにかなり一般化してきており、市販の漫画雑誌などでも登場してきている。その代表が「少年サンデー」の「防衛大学物語『あおざくら』」（二〇一六年五月一一日、日合併号より連載）である。勉強はできるが経済的に不安定な家庭の少年が防衛大学校に進み活躍をするといった青春ストーリーなのである。経済的徴兵制を描いた漫画だといってもよい。

自衛隊志願の動機の第一が「国をまもるため」に変化

こうした自衛隊の存在を賛美したアニメの普及は、安倍政権の安保関連法の成立と中国や北朝鮮などへの脅威論が宣伝されると共に広がりをもってきている。その背後に政府の圧力が見え隠れしている。同時に、二〇〇六年に成立した新教育基本法に明記された愛国心教育の方向が学校現場の教育の姿を変化させているのである。その結果は、次の新自衛隊員への調査でも明らかになってきている。自衛隊員を志望した動機についての統計である。平成一五年（二〇〇三年）の段階では「能力や適性」「心身の鍛錬」「給料が良い」などの動機が多かったが、平成二〇年（二〇〇八年）頃より「国のため」の動機が多くなり、平成二二年（二〇一〇年）から第一位になってきている。社会の右傾化と戦争や愛国心に対する意識の変化を見ることができる。

　このような、現実と架空の世界を織り交ぜた自衛隊のアニメや漫画は子どもに大きな影響を与えている。防衛省の募集パンフではアニメのイラストが盛んに使われているが、特に特徴的なのは、ミニスカートの少女が盛んに登場してくることだ。自衛官募集の対象となる高校生の男子生徒に萌え系の刺激を与える心理操作の手法が駆使されているのである。

ミニスカートの少女のイラストを使った防衛省の募集パンフ

3 あらゆる手法を使った自衛隊員募集の方法

永井栄俊

安倍政権は、安保関連法に基づき、二〇一六年一二月南スーダンへの派兵をおこなった。この状況の中で自衛隊員の安定的確保が大きな命題となってきている。ところが少子化が進み、適齢・敵質の募集対象者が減少すると共に、合格者の流出も多くなってきている。このために、防衛省の内部資料では「計画的な募集・採用業務を推進する必要がある」とされている。ここでは「著名人を活用した自衛官募集コマーシャル」「ホームページアクセスの増加」「スマホアプリ等メディア広報の充実」があげられている。さらに重点が置かれているのが、学校や自治体へのアプローチなのである。対象となる学校へは進路説明会などに参加することを目指すと共に中には制服参加の学校もある。また、ある都立高校では、進路指導部に自衛隊が訪れ、教室掲示のためのカレンダーを三年生のクラス数の部数を置いていったが、これは全国的な動きのようだ。教室掲示用なのだという。

総合的学習の時間を利用した職場体験が全国に拡大している

特に、総合的学習の時間を利用した中学生の職場体験の実施は、自衛隊の教育現場に向けた広報活動の中心である。文科省は、総合的な学習の協力要請を内容とする文書を各省庁等へ発しており、これに応える形で防衛省は「文科省への協力」であるとして職場体験を実施している。

職場体験は、元々キャリア教育の一環として始められたものだ。若者の離職率が多いなどの問題から、低年齢期から職業に対する意識を持たせる教育が求められてきた。これがキャリア教育として二〇一一年に中教審が答申を出したりして教育の中心的課題とされてきている。この職場体験は、二〇〇〇年より始まった「総合的な時間」を利用して実施されているのが通常になってきている。文科省は、総合的な学習の時間への協力を各省庁に発出して「『総合的な学習の時間』応援団のページ」をホームページに掲載している。

自衛隊ではこの文科省の「『総合的な学習の時間』に対する協力」として自衛隊の各地本ごとに、それぞれのホームページなどで紹介しており、自衛隊に訓練をされている生徒の写真や、戦車などに搭乗している写真、武器に触り生徒が楽しんでいる写真など、さまざまな状況を見る事ができる。ところがどういうわけか、文科省の「応援団のページ」のホームページには防衛省が入っていないのである。

この職場体験は中学生が圧倒的に多く、その件数は、二〇一三年に五万九七〇九人であったが翌一四年では、六万七二九二人と急増している。しかし、一五年では減少しているのである。これは、集団的自衛権等の安保関連法の成立により、子どもたちが戦場に派遣される可能性を忌避したからであると思われる。

この職場体験には多くの問題点がある。その第一は、自衛隊が他の職場と同一視できないということである。中学校等では、近隣の事業所などを中心に受け入れ先を探し、その中から生徒が希望先を示して実施し

平成２７年度広報活動実施結果報告書（総括）

5　「総合的な学習の時間」に対する協力

区分		陸自			海自			空自			その他			計		
		件数	参加者数	参加延人員数	件数	参加者数	参加延人員数	件数	参加者数	参加延人員数	件数	参加者数	参加延人員数	件数	参加者数	参加延人員数
小学校	生徒数	73	3, 447	3, 506	12	462	462	23	606	606	2	64	64	110	4, 579	4, 638
	引率者数		661	670		35	35		41	41		6	6		743	752
中学校	生徒数	1, 676	18, 222	26, 388	164	2, 677	2, 878	197	1, 863	1, 954	2	20	20	2, 039	22, 782	31, 240
	引率者数		885	1, 120		174	174		122	144		7	7		1, 188	1, 445
高校	生徒数	546	6, 772	9, 247	62	1, 001	1, 207	66	558	628	0	0	0	674	8, 331	11, 082
	引率者数		433	527		71	78		40	49		0	0		544	654
合計	生徒数		28, 441	39, 141		4, 140	4, 547		3, 027	3, 188		84	84		35, 692	46, 960
	引率者数		1, 979	2, 317		280	287		203	234		13	13		2, 475	2, 851
	計	2, 295	30, 420	41, 458	238	4, 420	4, 834	286	3, 230	3, 422	4	97	97	2, 823	38, 167	49, 811

ているが、学校とすれば、この受け入れ先を探すのが大変なのである。ところが、自衛隊では生徒の送迎も行い、至れり尽くせりで、学校とすれば都合の良い「事業所」となっているのである。しかし、自衛隊が命を賭する職業であることなどを教えることもなく送り出しているのである。他の職場と同等ではない。

第二は、この自衛隊職場体験の様子をホームページに掲載して、生徒の笑顔などをさらしている事である。顔が識別できるようにしてアップしている。まさに生徒を自衛隊募集に利用しているといえるのである。これに対して教育委員会の対応はどこでもひどいもので、既にみたように都教委などは「他団体のことで関知しない」というものなのである。

第三に、職場体験で生徒に武器を触れさせたり、軍事用車両に搭乗させたりしている。この状況は、子どもの権利条約三八条に違反しているといえる。同条は「武力紛争における子どもの保護」を規定しており、子どもの戦争への影響を禁止しているのである（90頁参照）。

「自衛官募集」と書かれたトイレットペーパー

この全国に広がっている職場体験は、教育現場の教育に対する理念性だけでは阻止できないところまで来ている。教育現場の劣化が著しくなってきており、現場からはこれを自己検証して阻止できないまでになってきている。教職員運動は弱体化しており市民運動などの外からの抗議運動等によってこれを阻止することが求められている。

さまざまな手法で自衛隊の広報活動が子どもたちに向けられている

その他さまざまな方法で自衛隊の広報活動が子どもたちに向けられている。二〇一五年には、滋賀県の市立中学校で「自衛官募集」と書かれたトイレットペーパーが使われていることが報道されている（「東京新聞」二〇一五年一〇月九日付）。このトイレットペーパー事件は、ツイッターなどでも拡散され、県教委が調査・中止を指導している。

また、自衛隊主催の様々なイベントも実施されている。夏休みちびっ子ヤング大会や装備品・施設の展示や訓練・演習の見学会、艦艇の公開、航空機の体験搭乗、地方公共団体主催などの地域防災訓練に参加して子どもたちと自衛隊員との触れ合いなどの催しを実施している。自衛隊内の公開も頻繁だ。二〇一五年度は、「部隊（基地）公開」には年間一五六万八〇九九人も参加している。「演習公開」「艦艇公開」「部隊（基地）見学」「艦艇見学」「広報展示室見学」「体験航海」「体験搭乗」「隊内生活体験」などさまざまだ。こうした形で自衛隊を広報して、体験し、また自衛隊との一体感を作り出そうとしている。

高知県では高知中央高校（私立）が、自衛隊コースを設置して二〇一六年度から生徒を募集した。「自衛官にふさわしい人材の育成を目標」とすることがその趣旨であるという。

4 自衛隊から中・高生に届く隊員募集のダイレクトメール

永井栄俊

自衛隊員募集のダイレクトメールが高校三年生に届く

自衛隊が自治体へ焦点をあてて介入する状況が生まれている。募集対象情報を高校生の住民基本台帳の閲覧によって取得して、募集案内をダイレクトメールしているのである。その情報提供の自治体の開拓を自衛隊各地本で互いに競争させている。衆議員阿部知子事務所の調査によれば、全国で防衛省に情報の提供を行った自治体は、二〇一四年度実績で千五百八十七市町村の多数にのぼった。この数字は、全自治体数千七百十八の九二％にあたる。同じく阿部事務所からの提供として二〇一四年一〇月六日の「東京新聞」は、千二百二十九市町村・特別区（七一％）を報じている。この数字は、二〇一三年度実績の数字であり、一年間で三百五十八市町村も増えていることになる。この内、二〇一四年度で、適齢対象者を抽出の上で閲覧させている市町村・特別区は六百十九箇所であり、全市町村・特別区の三六％にあたる。また、防衛省が適齢者情

ダイレクトメールされた自衛隊の募集案内

報を拒否された市町村は六百二十九箇所であり、提供を依頼していない市町村は八十三箇所であった。

ダイレクトメールの法的根拠と自治体の対応（大阪府茨木市の例）

住民基本台帳の閲覧は、二〇〇六年に法改正され、「公用・公益性が高いと認められる場合」にのみ閲覧可能となる制度となっている。これに基づき、国や地方公共団体の機関が法令の定める事務遂行（公用）のために閲覧する場合、「住民基本台帳閲覧請求書」（又は「閲覧申出書」）、「誓約書」（請求者・閲覧者それぞれの記名・押印）、さらに「同意書」が必要となる。しかし、申請に基づき許可するか否かは自治体の主体性にあり、また閲覧対象の市民を特定しない請求は、公益上必要と認める場合を除き拒否できることになっている。自衛隊の自治体への「閲覧請求書」には、自衛隊法九七条（自治体の首長の募集事務の一部を行う）及び自衛隊施行令一二〇条（防衛大臣は自治体の首長に必要な資料の提出を求めることができる）を根拠法として示されているが、これは必ずしも基本台帳の閲覧を意味しているわけではない。しかし、この法令に基づく「閲覧請求」は、自治体の側からすればなかなか拒否できにくい内容となっている。九二％の自治体が閲覧を認めていることの背景であると言ってよい。しかし、これはあくまでも「提出を求めることができる」のであって、首長に提出が義務付けられているわけではない。特に、対象を抽出して情報を提出する義務はないのである（86頁以降参照）。

次頁の資料は、自衛隊大阪地本から茨木市に提出された「誓約書」と、これに応えて茨木市が情報提供した文書である。「誓約書」に記載された閲覧理由は、「自衛官に関する募集事務として募集案内の送付等」とあり、閲覧対象は「平成九年四月二日から平成一〇年四月一日までの者」と「平成一二年四月二日から平成二十三年四月一日までの男子」である。つまり、高校三年生と中学三年生への募集案内の送付なのである。

ところが、茨木市が情報提供したのは、「平成元年四月二日から平成一〇年四月一日生まれの者　二万四千六十三名」なのである。つまり高校三年生から二六歳までの男子の「氏名・生年月日・性別・住所」なのである。ここで問題なのは、対象が高校三年生だけでなく、二六歳までの男子も請求の対象とされ、これに応えている点である。高校三年生には具体的に募集案内が送付されている。しかしそれを超える二六歳までの男子には全て送付されているわけではないと思われる（確認が不可）。既職ないし進学の可能性が高いからだ。従って明らかに「誓約書」の範囲を超えているだけでなく、広範囲であるために対象範囲の不特定と同等であるということがいえる。このことは、前述した住民基本台帳法の規定からすれば、法令違反となり閲覧の提供の必然性はないことになる。

このように自衛隊が、対象を幅広くして、新卒者だけでなく、広く「兵隊として」の適齢者情報を収集し

議案第５４号参考資料　　　　市民文化部　市民課

茨市民第８２８号
平成２７年８月５日

自衛隊大阪地方協力本部長　様

大阪府茨木市長　木　本　保　平

自衛官及び自衛官候補生の募集のために必要な募集対象者情報について

平成２７年６月３日付け大阪地本第８０１号で依頼のありました、標記の情報について、下記のとおり資料を提出します。

記

1　対象者

平成元年４月２日から平成１０年４月１日生れの者　　２４,０６３名

2　資料提出する情報

氏名、生年月日、性別、住所（ﾌﾘｶﾞﾅを含む）

3　提供方法

名簿（Ａ３　３２１ページ）（平成２７年６月３０日現在）

議案第５４号参考資料　　　　市民文化部　市民課

誓　約　書

（閲覧の具体的理由）

1　自衛官等に関する募集事務として募集案内の郵送等を行うため

2　閲覧範囲
出生の年月日が平成９年４月２日から平成１０年４月１日までの者
出生の年月日が平成１２年４月２日から平成１３年４月１日までの男子

上記理由のため、住民基本台帳の閲覧をいたします。
なお、閲覧で得た資料の扱いについては、基本的人権を守り、個人のプライバシーの保護のため、当方において責任を持って管理し、閲覧目的以外には使用しないことを誓約いたします。１年間鋼鉄製の鍵のかかる箱で保管し閲覧後裁断致します。

平成２７年　５月　１９日

申請者　所在地（住所）〒５４０－０００８
大阪市中央区大手前４－１－６７
大阪合同庁舎２号館

事業主　自衛隊大阪地方協力本部

代表者氏名　自衛隊大阪地方協力本部長
大　塚　裕　治

閲覧者氏名　杉　田　穣

遠　所　克　己

茨　木　市　長　殿

「自衛隊大阪地本の誓約書」と「茨木市の回答」

ている実態が明らかになっている。つまり、いつでも兵役に動員可能状況を作り出しているのである。通常の市民が、本人の知らないうちに自分の情報が自衛隊に掌握されている状況は恐怖に値する。

高校生や中学生の個人情報が本人に無断で提供されていることの恐怖

大阪茨木市に自衛隊より提出された「誓約書」には、閲覧対象として中学三年生も入っている。ところが、茨木市の自衛隊への提出文書の中には中学生が入っていない。なぜならば、中学生の自衛隊への募集広報は規制されているからである。文科省からの要請もあり、防衛省では「事務次官通達」を発出して自衛隊各地本に規制の文書を出している。そこでは、「当該中学生の保護者又は当該中学生が就学する中学校の進路指導担当者を通じて行う場合に限る」（防衛省「事務次官通達」防人二第三四四一号、一五・四・三）とされており、中学生へのダイレクトメールは原則禁止されているのである（31頁資料参照）。そのためであろうか、茨木市では二万四〇六三名の情報提供とは別に舞台裏で中学生閲覧の提供を行っていたのである。この中学生の情報提供について、地元茨木市の山下けいき市議（新社会党）が、議会で市に対して厳しく追及を行っている。市は「違法性がないから提供した」と述べているが、自分の進路についてまだ十分な判断ができない年齢で「自衛隊募集」のパンフが届けられるのは教育的見地からは、裁量権を逸脱して違法性があるといわねばならない。

しかし、この規制原則と教育的事情は高校生に対しても変わりがなく、ダイレクトメールの制約が適用されるべきであろう。未成年であり、法定代理人である保護者や本人、そして所属学校にも無断で募集案内が郵送されることは許されないことではないだろうか。中学生はダメで高校生ならばよいという客観的な根拠を見出すことはできない。そもそも、個人の情報が本人も家族も知らない内にやり取りされる状況は、成人であっても許されるものではない。しかもその情報を自治体が本人に無断で提供しているのであり、自治体が法的な適正性を検討する以前に許されるべきではないのである。

東京・大阪・愛知等の状況

全国の情報提供の自治体について、阿部知子衆議員事務所からの情報を既に明記したが、筆者が直接防衛省へ全国状況について開示請求したところ、「そのような資料は存在しない」ということであった。この数字が「存在しない」ということは考えにくいのであるが、東京二三区と大阪府の資料について、市議会議員（東京はけしば誠一杉並区議、伊地智恭子多摩市議、大阪は山下けいき茨木市議）のご協力で状況が明かになった（以下次頁以降の資料参照）。

これによると東京二三区は中学生も含めてほとんどの区が情報提供をしていることがわかる。高校三年生と中学三年生の両方の資料提供区は一四区、高校三年生の情報のみ提供している区が五区、情報を未提供区が二区（文京、江東）であった。

東京多摩地区でも全資料の閲覧で、自衛隊員が書き写す自治体が多く、積極的に抽出して提供している自治体はなかった。また、調布市と多摩市では、自衛隊は四年に一度しか情報提供の申込みをおこなっていない。これは、多摩市の例では、革新市長であることから、「情報提供しない」を明言していることから、申込を自粛していると考えられる。

大阪府では、ほとんどの市で防衛省が閲覧の申し込みに来ている。そのうち十市が全閲覧で情報を提供している。中学三年生の情報は、茨木市の例のように、情報提供の依頼書とは別に行っており、その他の資料についてはわかりにくくなっている。茨木市と東大阪市が中学生の情報も提供してきていることが明確とな

東京二三区の自衛官募集に対する情報提供の状況

自衛官募集に対する情報提供の状況　２０１６年

区　名	情報提供		情報提供方法		その他の事項及び詳説
	高３	中３	高３	中３	
千代田	○	○	抽出	抽出	抽出提供して書き写させている
中　央	○	×	抽出	抽出	抽出提供して書き写させている
港	○	○	全閲覧	全閲覧	自衛隊が書き写している
新　宿	○	○	全閲覧	全閲覧	自衛隊が書き写している
文　京	×	×	×	×	未提供
台　東	○	○	抽出	抽出	抽出提供して書き写させている
墨　田	○	○	全閲覧	全閲覧	自衛隊が書き写している
江　東	×	×	×	×	未提供
品　川	○	×	全閲覧	×	自衛隊が書き写している
目　黒	○	○	全閲覧	全閲覧	自衛隊が書き写している
太　田	○	○	抽出	抽出	抽出提供して書き写させている
世田谷	○	○	抽出	抽出	抽出提供して書き写させている
渋　谷	○	×	抽出	×	抽出し紙媒体で提供
中　野	○	○	抽出	抽出	抽出提供して書き写させている
杉　並	○	○	抽出	抽出	抽出提供して書き写させている
豊　島	○	○	抽出	抽出	抽出提供して書き写させている
北	○	○	抽出	抽出	抽出提供して書き写させている
荒　川	○	×	抽出	×	中３提供依頼なし。抽出写させている
板　橋	○	○	抽出	抽出	抽出提供して書き写させている
練　馬	○	○	抽出	抽出	抽出提供して書き写させている
足　立	○	×	抽出	×	抽出提供して書き写させている
葛　飾	○	×	抽出	×	抽出提供して書き写させている
江戸川	○	○	抽出	抽出	必要事項を抽出し書き写させている

中３高３共に提供　１４区
高３のみ提供　５区
未提供　２区
抽出提供　１６区
紙媒体提供　１区
全閲覧

●調査事項集計表

・照　会　日 ： 平成28年11月1日
・調査項目 ： 自衛隊への名簿閲覧、提供について
・調査対象 ： 大阪府内(32市)
※下記集計は、本市を含め33市

調査項目		回答数（市）	割合（%）	備　考
(1) 名簿の閲覧について	毎年、閲覧に来ている	28	84.8	茨木市、豊中市、池田市、吹田市、高槻市、箕面市、摂津市、大阪市、堺市、岸和田市、東大阪市、貝塚市、守口市、枚方市、泉佐野市、富田林市、河内長野市、松原市、大東市、和泉市、柏原市、羽曳野市、高石市、泉大津市、藤井寺市、泉南市、大阪狭山市、阪南市
	毎年ではないが、閲覧に来ている	3	9.1	寝屋川市、門真市、交野市
	閲覧に来たことはない	0	0.0	
(1) 名簿提供の有無について	提供したことがある	10	30.3	茨木市、池田市、箕面市、摂津市、東大阪市、貝塚市、松原市、大東市、高石市、交野市
	提供したことはない	21	63.6	豊中市、吹田市、高槻市、大阪市、堺市、岸和田市、守口市、枚方市、泉佐野市、富田林市、寝屋川市、河内長野市、和泉市、柏原市、羽曳野市、門真市、泉大津市、藤井寺市、泉南市、大阪狭山市、阪南市

大阪府の情報提供の状況

っている。茨木市については、山下けいき市議の追及に対して市は改善の検討を回答している（「資料・山下けいき市議の質問」参照）。

【資料・山下けいき市議の質問】

二〇一六年六月二二日　茨木市議会文教常任委員会（抄録）

○山下委員　次に、自衛隊と本市との関わりについてお聞きをいたします。自衛隊からの要請で住民基本台帳から対象を抽出して情報を提供していいます。二〇〇二年度が九一三件、この対象は高校三年生。それから二〇一三年度が一〇三六件、これも高校三年生です。ところが、二〇一四年度になると一七五三件で、中学三年生まで対象にした。中学三年生と高校三年生です。

それで二〇一五年度の文教常任委員会で質疑いたしました。その時に、当時の市民課長が、「今年の自衛隊の閲覧件数は、二三八八件となっています」と答弁があった。ところがその後、資料の中にありますように、二万四〇六三人。これも情報提供していたという事実がありました。この情報提供は、最終決裁が八月五日です。ですから九月九日の委員会の時には、この事実を担当課長もわかっていたことになります。ところが、そのことには一切触れないで、閲覧のことだけ言った。私は、非常に不本意ですね。このことを知った私としては、その時点でこういうこともやっており、閲覧はこの数字だけれども、情報提供として二万四千人提供していますよということを言ってほしかった。そこでお聞きしますけれども、本市のその他の住基台帳の閲覧実績の中で、自衛隊の分についてのみ、人数が記載されていない。なぜ自衛隊の分は人数が記載されていないのですか。他の場合は大抵人数が記載されているのですが。

○市民課長　公用の分とそれ以外の分との違いによるものです。

○山下委員　公用とそれ以外のものとを分けるというのは、どういった基準ですか。

○市民課長　慣例によるものでございます。

○山下委員　次に、本市の場合は中学三年生も含めて、募集に関して自衛隊の閲覧に供してきたわけですね。中学生の分については、これは文科省と厚生労働省が毎年、「新規中学校・高等学校卒業者の就職に係る推薦及び選考開始期日等並びに文書募集開始時期等について」という毎年毎年通知を出しています。その趣旨は、学校教育の充実と就職希望者の適正な職業選択を確保することと、求人活動の秩序を確立することにあると。それで、新規中学校卒業者を対象とする文書募集は行わないと。それは中学校の新規卒業者は職業等についての知識・経験が乏しく、職業を選択する能力が十分でないため、学校とハローワークが十分職業指導を行った上で職業選択を行わせることになっている。このため中学卒業予定者に対して、学校もハローワークも関係なしに、自衛隊がダイレクトメールで自衛隊に入ってくださいということができないことになったわけです。そこで、平成一五年四月に防衛事務次官が、「中学校在校生に対する自衛隊生徒の採用試験に関する募集広告要領等について」という通達を出して、中学生に対する募集広報については、当該中学生の保護者または当該中学生が就学する中学校の進路指導担当者を通じて行う場合に限るものとすると。こういった形で文科省も厚労省も、また防衛省も、中学生の卒業予定者に対する募集について、制限してきたわけです。こういう制限・制約があるにもかかわらず、なぜこの茨木市は中学生の情報を提供したのですか。

○市民文化部長　我々が閲覧でその情報をお見せすることと、それを入手した自衛隊がどういう動きをするかというのは、必ずしも連動していないということです。また、自衛隊は優秀な人材を確保するために、自衛隊法の中でいろんな手続を定めています。自衛隊法第二九条を中心とした運用で、違法ではないという政府の見解が示されております。また住民基本台帳法の第一一条に基づき制度上問題がありませんので、提供しました。

○山下委員　違法ではないから提供したというふうにはならないですね。市町村独自の態度が必要なのではないかと思います。

中学校在校生に対する自衛隊生徒の採用試験に関する募集広報要領等について

防人2第3441号
15．4．3

陸上幕僚長　殿

事務次官

中学校在校生に対する自衛隊生徒の採用試験に関する募集広報要領等について（通達）

標記について、より適切な募集広報活動を行う必要があることから、別紙のとおり定められたので、遺漏のないよう措置されたい。

添付書類：別紙
写送付先：海上幕僚長
　　　　　航空幕僚長

別紙

中学校在校生に対する自衛隊生徒の採用試験に関する募集広報要領等について

1　目的

中学校在校生（以下「中学生」という。）に対する自衛隊生徒の採用試験に関する募集広報（以下「募集広報」という。）の要領及び募集広報の資料の内容等について定めるものとする。

2　募集広報の要領

中学生に対する募集広報については、当該中学生の保護者（中学校に就学させる義務を負う者をいう。以下同じ。）又は当該中学生が就学する中学校の進路指導担当者を通じて行う場合に限るものとする。ただし、新聞、雑誌、ポスター、テレビ、ラジオ、ホームページ等で、広く一般に対して行う募集広報については、この限りでない。

3　募集広報の資料の内容

募集広報の資料の内容については、次の各号に掲げる事項とするものとする。ただし、中学生、当該中学生の保護者又は当該中学生が就学する中学校の進路指導担当者の請求により、パンフレット等を配布等する場合については、この限りでない。

(1)　採用試験の名称
(2)　採用後の職務と責任の概要
(3)　採用試験の結果に基づいて採用された場合の初任給、その他の給与
(4)　受験資格
(5)　試験方法、試験種目及び出題分野
(6)　試験の実施時期及び試験地
(7)　合格者の発表の時期及び方法
(8)　受験申込用紙の入手並びに受験申込書の提出の場所、時期及び手続

4　委任規定

この通達に定めるもののほか、募集広報の実施に関し必要な事項は、陸上幕僚長が定める。

5 〈自衛隊と学校教育〉東京都の状況と取り組み

永井栄俊

宿泊防災訓練と自衛隊との連携校

東京の教育現場への自衛隊の浸透は、全国の中でも先導的であった。中学生の自衛隊への職場体験等は二〇〇〇年頃より始まっており、この点では全国的な水準であった。ところが、東京都が、他の自治体よりも大きく異なる自衛隊教育を先行させたのは二〇一一年の東日本大震災を契機にしてであった。二〇一二年四月に都教委の中に設置された「教育再生・円卓会議」の中で宿泊防災訓練を始めることが提案された。この中で、韓国の徴兵制に見習い「宿泊訓練させる」ことが提案されたのである。これに基づき、全都立高校で「一泊二日」の宿泊防災訓練は始まったが、消防署・赤十字などと共に自衛隊との連携が明記され、二〇一三年に都立田無工業高校と翌年の都立大島高校が自衛隊駐屯地での宿泊防災訓練を実施したのである。既述したように生徒・保護者には「宿泊防災訓練」の名目で周知していたにもかかわらず、自衛隊東京地本への文書では「隊内生活体験」として申請していた。この建て前と実際の違いから、都教委と学校への要請行動を繰り返し、二〇一五年度以降は中止に追い込んだのである。私たち市民運動の成果であった。元々、都教委が発出している「全ての都立高校で実施する宿泊を伴う防災体験活動ガイドライン」では「宿泊防災訓練は、原則として校内で行う」と示されており、自衛隊駐屯地での宿泊訓練は許されないものなのである。

このために、自衛隊との連携は、自校の体育館等での宿泊訓練の時に自衛隊員を招き講演を行う形だけになった。二〇一三年度は八校が実施し、二〇一四年度は七校で、二〇一五年度は九校であったが、二〇一六年度は十四校と急増したのである。自衛隊員の講演の中には自衛隊の広報用のＤＶＤを映写したりしている。その中には「災害救助」だけでなく「火器演習」の映像もあったりしている。こうした連携校急増の状況は、安倍政権の安保関連法の成立が影響していると考えられる。このような安保関連法の影響は、都教委の「防災予算」の急増にも見ることができる。東京都教育庁関係の予算では、二〇一四年度は八千三百万円、一五年度一億三千四百万円、一六年度二億二百万円なのである。この防災予算の増大の様子は国家の防衛予算の増大の方向と似ている。むしろ軌を一にしている。

自衛隊駐屯地でインターンシップを実施

二〇一四年、都立深沢高校はキャリア教育として自衛隊施設でのインターンシップをおこなった。同年、一一月一九日に自衛隊朝霞駐屯地へ、そして翌日には世田谷区にある三宿駐屯地へ、二一日には千葉県海上自衛隊航空基地への見学体験をおこなった。参加生徒は十名で、引率教員を合わせて十三人の参加であったが、自衛隊が車を出して三基地への送迎をおこなっている。至れり尽くせりの「おもてなし」で、学校も生徒も気楽なものであった。八十以上の受け入れ事業所の中で、最も参加希望者が多かったのは当然である。

しかし、自衛隊が会社など他の事業所と同等に扱うことはできない。南スーダンへの派兵にみられるように、生命を賭した職業であることを教えないままにインターンシップに参加させることはキャリア教育の趣旨にも反するものである。

都立山崎高校も二〇一五年と一六年に自衛隊にインターンシップとして生徒を送っている。受け入れ事業所リストの第一位に自衛隊が掲載されており、同じように多くの問題点を残すインターンシップなのである。

中教審（中央教育審議会）は、二〇一一年にキャリア教育についての答申を行った。この中教審答申によれば、「キャリア教育」とは、「一人ひとりの社会的・職業的自立に向け、必要となる能力や態度を育てる」教育なのである。若者の離職率の高さやフリーターと呼ばれる無職の若者が増大していることから、早い段階から職業についての意識を持たせることの教育がこれなのである。

小・中学生の場合は、職場体験という形で近隣の商店街などで体験学習を行っているが、既述したように総合的学習の時間を使って実施することが多い。高校生の場合はより職業に近い年齢であることから、「インターンシップ」という名称で三日間の職場体験を実施している場合が多い。学校が受け入れてくれる事業所を探し、その中から生徒が選んで職場体験をすることになるのだが、受け入れてくれる事業所を探すことが大変なのだ。そんな中で、自衛隊施設は生徒の送迎など至れり尽くせりであることから、学校とすれば非常に都合のよい現場となる。また、自衛隊の側も広報・募集業務の主要な活動となっている。

東京の高校ではこの他にもいくつかの都立高校が自衛隊への訪問等を行っている。進学校として有名な都立日比谷高校でも二〇一五年六月に、自衛隊中央病院へ十一人の生徒が訪問した。これは、スーパーサイエンスハイスクール（ＳＳＨ）事業の一環としての活動である。ＳＳＨというのは、都教委が進学校に指定した推進校としての名称である。自衛隊病院にまで高校生を招待する防衛省の広報活動の多様性を見ることが出来る。また、都立町田高校では、二〇一五年に八丈島で修学旅行を行ったが、その中で島内にある海上自衛隊を訪問している。

武蔵村山五中のブートキャンプの驚き

二〇一六年七月二一日の「東京新聞」が次を伝えた。東京都福生市にある武蔵村山第五中学校で横田基地のアメリカ兵が「ミニ・ブートキャンプ（新兵訓練）」と称して生徒に行進やほふく前進などを指導していた」と。地域交流行事の名目だが、希望の三十三人の三年生が参加したという。横田基地のブログには顔にペイントを塗った生徒の顔や軍服で身を固めた生徒の顔が、それと認識できるような明瞭さでアップされていた。新聞で報道され市民からの抗議で生徒の顔は削除されたが、自衛隊も含めて軍事関係機関が生徒の顔をブログに表示することに対する無原則性には驚かされる。子どもの笑顔を宣伝に利用しているのである。そして、これに対する教育委員会の対応も無責任である。生徒の顔ほど個人情報の大きなものはない。東京都では、これまで生徒の情報漏洩として数多くの教員が処分されてきた。ところが、相手が米軍や自衛隊になるとその態度を一変させる状況は、教育に対する視点を欠くもので、許されるものではない。

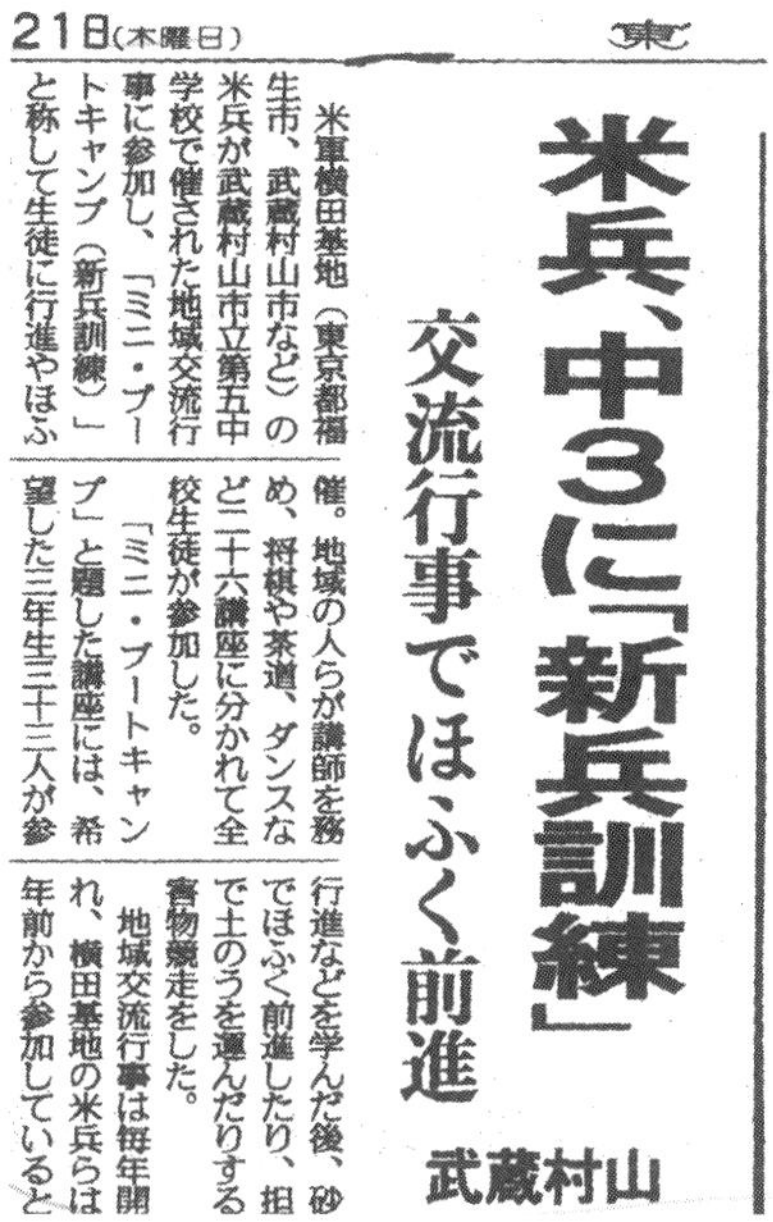
東
21日(木曜日)

米兵、中3に「新兵訓練」
交流行事でほふく前進
武蔵村山

米軍横田基地（東京都福生市、武蔵村山市など）の米兵が武蔵村山市立第五中学校で催された地域交流行事に参加し、「ミニ・ブートキャンプ（新兵訓練）」と称して生徒に行進やほふ

催。地域の人らが講師を務め、将棋や茶道、ダンスなど二十六講座に分かれて全校生徒が参加した。

「ミニ・ブートキャンプ」と題した講座には、希望した三年生三十三人が参

行進などを学んだ後、砂でほふく前進したり、担で土のうを運んだりする障害物競走をした。

地域交流行事は毎年開れ、横田基地の米兵らは年前から参加していると

「東京新聞」2016年7月21日付

中学生への新兵訓練中止を求める取り組み

内野なおき（武蔵村山市議会議員）

昨年7月、武蔵村山市で米兵が中学3年生に新兵訓練（ミニブートキャンプ）を行っていたことを［赤旗］［毎日］［東京］が報道し、全国の教育関係者や平和運動団体に衝撃を与えました。

ミニブートキャンプは地域交流を目的とする「5中フェスティバル」26講座の内の一つで、今回で6回目。集団行動訓練（整列・敬礼・方向転換を号令通りにできたか評価）と、障害物競争（担架で土のうを運ぶ→二人三脚ではしごや平均台を渡る→砂場をほふく前進→腹筋・背筋・ジャンプ→バスケット・サッカーで点を取る）で構成されています。

私は9月市議会でミニブートキャンプの中止を求めて質問しました。市教委は「地域交流や体力づくり」との認識を繰り返しました。しかし、生徒に手の角度まで細かく練習させる敬礼や、密林作戦時用のフェイスペイントは軍事訓練そのものです。一方で横田基地のホームページに掲載されていた写真（敬礼や行進、ほふく前進、フェイスペインのみ）を見れば、米軍の目的は軍事訓練ではないのかと質すと、市教委は「学校の目的と彼ら（米軍）の目的には乖離がある」と認めました。

現在削除されている横田基地のホームページには「第374医療中隊は、中学3年生に基本的な軍のしきたりや軍事教練を練習させた」とあり、ゲアボン・ハミルトン軍曹も「我々と地元の生徒たちが交流できる他に類のない方法」などと告白しています。

地域交流との認識を最後まで繰り返した市教委も次年度以降は名称や内容を見直すと答弁。しかし、公明党市議や一部の教育委員からは「来年度以降も続けるべき」「子どもたちが楽しいなら良いじゃないか」といった声が出されており、引き続き注視していかなければと考えています。

今回の案件は、全国の諸団体が学校や市教委に抗議や公開質問を行ったことも大きな力となりました。この問題が全国に拡がらないように多くの地域での今後の運動に期待します。ともにがんばりましょう。

6

防衛省と文科省の自衛隊入隊者獲得の実態

坂本茂（練馬平和委員会）

減り続ける自衛隊志願者

二〇一五年退役した自衛隊元医官は「医師が任務で南スーダンなどに派遣されている。医官は入隊しないし次々に辞めている。安保法制が運用されて自衛隊員は覚悟を強いられ駐屯地内でもピリピリしている、自殺も多く気になる」という。

中堅の自衛官募集広報官は「生徒が希望しても母親や安保法制が妨げになっている。試験日にドタキャンだ。やってもやっても生徒たちが自衛隊に入ってこない・・・縁故募集も命令されているのだが…！」と嘆く一方、「俺の子どもは安月給だが自衛隊以外の道を歩み始め、内心ホッとしている」と、笑顔で話を続ける。

二〇一三年から自衛官募集（一般曹候補生＝正社員にあたる）は毎年二割ペースで激減している。一年を通して募集している非正規雇用の自衛官候補生（初年度は陸自二年、海自・空自三年の任期制）も同様だ。

職場体験という名の「体験入隊」

二〇〇〇年度から全国の自衛隊基地などで、中学二年生の一部生徒が駐屯地を訪れ、自衛隊員の指導を受ける授業を受け始めている。文部科学省は防衛省と協力して「総合的な学習の時間」の一つと位置づけられている。教諭の付き添いもなく、生徒たちは二日間も職業体験という名の自衛隊「体験入隊（募集事務を担当する自衛官の多くはそう呼んでいる）」をしている。その実態を保護者や教諭、教育委員会は把握しているのだろうか？教員の引率が全くない例が多くあるのである。

防衛省が情報公開請求で開示した資料によれば、二〇一二年度から二〇一三年度の二年間に東京都内の中学生の「体験入隊」は、陸上自衛隊練馬駐屯地（東京都練馬区）や航空自衛隊府中基地（東京都府中市）などで延べ九〇校四三二人が参加したことがわかる。自衛隊朝霞駐屯地（東京都練馬区など）なども含めた実施内容は「敬礼」「戦闘服、戦闘帽、半長靴貸出し」「教練（行進間・停止間、回れ右）」「格闘訓練見学」「集合写真及び迷彩服試着」といった言葉が並ぶ。

小学校六五校、中学校三四校を抱える練馬区（人口七十二万人）には、自衛隊の駐屯地が二つある。練馬区教育委員会は自衛隊職場体験実施校について「二〇一三年度には練馬・陸上自衛隊広報センター（朝霞駐屯地内・共に陸自）へ中学校八校四〇人と小学校一校八人が参加した。二〇一四年度には練馬・立川駐屯地（陸自、東京都立川市）、入間基地（空自、埼玉県狭山市）へ中学校五校・一二六人が参加した」と発表している。

情報公開文書で見た「体験入隊」

練馬駐屯地などで東京都内の中学二年生の「体験入隊」の流れを情報公開された文書から説明する。中学校の校長はファクシミリで練馬駐屯地司令宛などに、生徒たちの「部隊見学申込書」を送信する。部隊見学申込書には生徒の住所・氏名・性別・年齢・学年など個人情報をすべてが記入されている。

二〇一三年五月二二日付「部隊見学申込書」によれば、中学校の校長は書面に〝各種訓練体験（軍服や車両など）〟と記入していた。自衛隊と軍隊の違いも分かっていない子どもたちに軍服の意識を意識化させることこそが、この「軍服」という言葉につながっているといえる。

その後、練馬駐屯地司令は第一特殊武器防護隊長などに宛て、「部外者の部隊見学支援について」という命令書を通達している。命令の目的には「中学生生徒に対する部隊見学を支援し、自衛隊に対する理解を深めさせ、組織的募集基盤の拡充に資する」と入隊者獲得が表現されていた。

さらに命令書には「体験入隊」のスケジュール表である「時程表」の内容には「高等工科学校（神奈川県横須賀市）説明」三〇分、「基本教練」九〇分、「行進訓練」一〇五分、核・化学・生物兵器戦闘に対処する迷彩服の試着三〇分などの言葉が並んでいる。

その後、練馬駐屯地から学校に事前打ち合わせの文書がファクシミリで送られて来た。そこには学校名と生徒人数、実施日のほか、体験項目には「基本教練」「行進」などが記され、「リーダーは携帯電話持参」とまで明記されていた。

「体験入隊」二日間の内一日目にしぼり説明しよう。生徒たちはそれぞれ学校の制服姿で電車・バスや徒歩などで駐屯地に向かう、持ち物は体操服や上履き・着替え、それに食事代やお土産の自衛隊グッズを買う

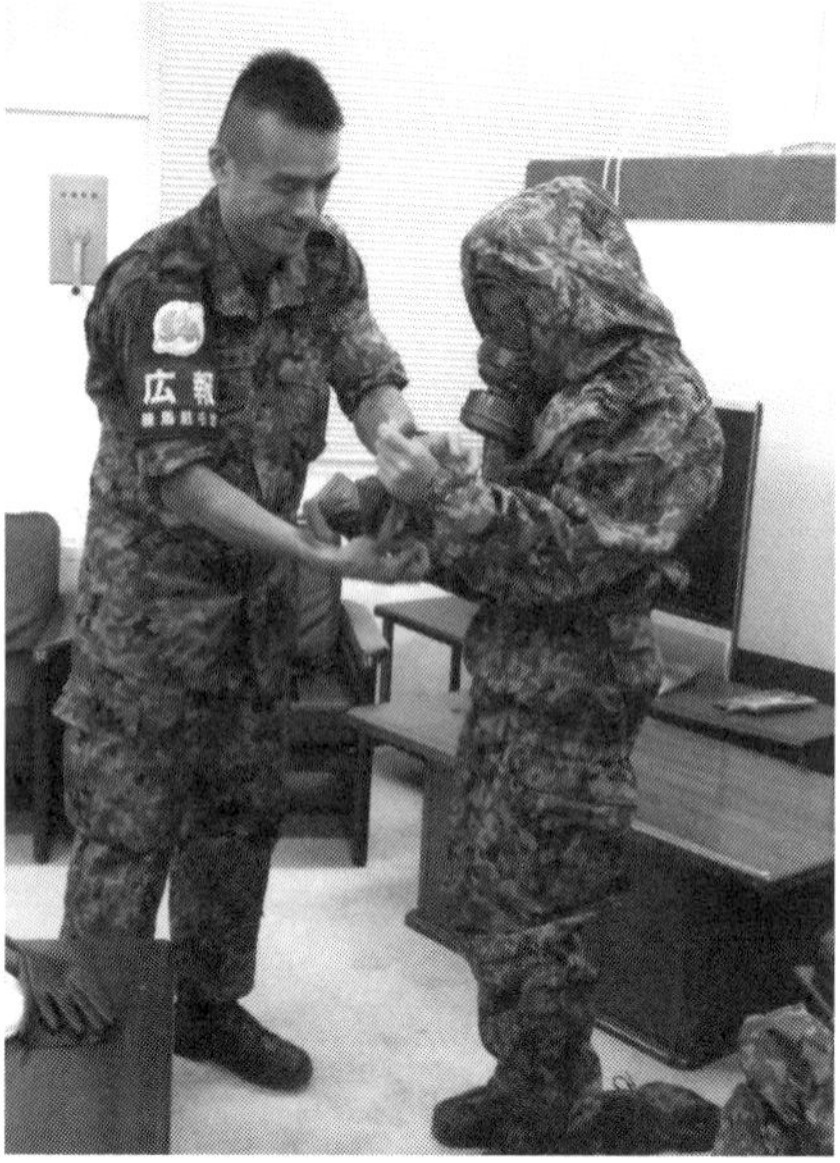

子どもに防御服を着せる

お金を持参した。募集案内所広報官は上官の命令で、一人の生徒でも官用車を使って学校から駐屯地まで送り迎えする場合がある。バカバカしくともその命令には逆らえないという。

生徒たちの「体験入隊」が始まる。着替えを済ませると首から学校や氏名が明記されたストラップを首からぶら下げ、二日間の時程表や最新の自衛官募集用パンフレットを手にし広報史料館の一室で説明を受ける。東日本大震災の災害派遣で大活躍する自衛隊員の姿や、住民が感謝するPR映像を見て涙する生徒もいた。一ヶ月後、体験入隊した生徒の一人の親は職場体験の影響を受けて、すっかり〝自衛隊オタク〟になった息子の扱いに困り、担任教諭と保護者面談をおこなったという話もあるという。

「防災講話」と称し自衛隊が中学校を訪問か

幹部自衛官は「広報はあくまで自衛隊のいいところを宣伝し、知ってもらい隊員募集を促す」と本音が飛び出す。

地元に災害を引き起こす恐れのある地対空ミサイルペトリオットミサイルＰＡＣ―Ｃ（以下ＰＡＣ―３という）配備とゲリラ豪雨で自衛隊のとった行動に関して考えてみる。

日本政府は、朝鮮民主主義人民共和国の弾道ミサイル発射に備え、いかなる事態にも対応できるようPAC―3ミサイル部隊を入間基地霞ヶ浦分屯地（茨城県土浦市など）・武山分屯基地（空自、神奈川県横須賀市）から朝霞駐屯地に展開・配備を度々していたのだが、現地の和光消防署職員は「朝霞駐屯地にPAC―3ミサイルを配備したという話は一度も聞いてない」という。幹部自衛官は「周辺の消防署と懇談したときに配備されたPAC―3がもし爆発したら、我々消防署では対処できないとも聞いている、朝霞駐屯地には小型の消防自動車しかない。駐屯地内の考え方ではなく外で暮らしている住民の立場で考えないといけない」と真面目に心情を打ち明けている。

二〇一四年六月二五日の百ミリを超えるゲリラ豪雨では（朝霞駐屯地を源流とする）、越戸川上流の民生委員は「雨によるものだが、何日も大便臭いのが続くので自衛隊かと思った、町会長が市役所へ苦情に行ったら、自衛隊の汚水処理浄化槽の電気系統が壊れたのが原因だったようだ、目の前が自衛隊なのになぜ助けにこないの、と自衛隊の偉い人に質問したら朝霞の部隊は東京都を助ける」と言ったという。つまり、埼玉県は大宮からの自衛官が派遣されることになっている、と説明されたという。「ひどいわよね！」、「今回、夜中だったら傷人が出たかもしれない、「旧街道とバイパスの間の窪地の住宅は膝がかかるくらいの床上浸水だった」と憤慨して答えていた。住民救助主体ではなく、部隊の命令系統で分割されていることからの結果なのである。防災講話をする自衛隊は、このような不都合な実情を生徒にどのように説明するのだろうか。

自衛隊の「体験入隊」が激減したか

その後、練馬区内の中学生の「体験入隊」は二〇一五年六月から二〇一六年五月まで、練馬駐屯地で行われていない。東京都教育委員会は二〇一三年より都立高校では初めて田無工業高校（西東京市）の生徒が朝霞駐屯地などで自衛隊員による「宿泊防災訓練」を実施したが、二校目の二〇一四年一一月の大島高校を最後に断念した。

東京都内の中学校生徒の自衛隊「体験入隊」(「職場体験」が主な名目)は二〇一二年度三八校、二〇一三年度は五二校と増えた。その後の変化を二〇一六年五月九日付で防衛省に情報公開しているが、二〇一七年二月二〇日現在、私のところには未だ届いていない。

大切なのは、官による都合のいい発表ではなく、日常的に市民による駐屯地の監視など、あらゆる手段で、真相や真実に迫り続け、防衛省・教育委員会・議会・学校との交渉に臨むことである。情報はお互いに共有し、一党一派に偏らず住民からも理解を得て、そして、自衛隊員も含めて、敵を作らず、彼らと一緒に運動を休まずに続けていくことが大切だ。憲法に縛られる立場の行政は、現在、法令の無視や、悪用する傾向さえもみられる。私たち市民運動の立場は、法律に基づいて運動を進めることが何よりも大切なのである。要求を実現したなら役所の人たちや自衛隊員などお礼の言葉を忘れなければ、味方は少しずつ増えていくだろう。勇気と想像力もって「あせらず・あわてず・諦めず」の言葉を常に念頭において平和な社会の実現に取り組みたいものである。

7
「総合防災訓練への参加」に力点を置き始めた都教委ガイドライン

東日本大震災により「防災訓練」はなかなか反対できない「公益」の衣をまとい闊歩している。しかし、「防災訓練」は「国防訓練」と紙一重であり、いつでも軍事に転用可能なのである。これまで述べてきたように「防災訓練」と謳いながら、自衛隊の駐屯地に生徒を連れていき訓練したのが良い例である。そしてその規模が大きくなればなるほど軍事訓練に接近してくる。この章で取り上げる総合防災訓練は地域の総動員体制の中で実施された。二〇一五年九月一日に実施された立川総合防災訓練では、地域町会を中心に動員され参加した総人数は約一万人規模であった。この総合防災訓練の地域総動員の中に高校生だけではなく小・中学生も動員された。

そしてこの立川の総合防災訓練では、次に示すように小学二年生が軍事用車両に搭乗することがおこなわれた。しかも学校行事として位置づけられていたのであった。　これに対して、市民団体等がこれに強く抗議をして、社会問題化したのである。その結果、翌年の二〇一六年の総合防災訓練では、高・中・小学生の動員は行われなかった。しかし都教委は、二〇一六年四月に「全ての都立高校等で実施する一泊二日宿泊防災訓練ガイドライン」の一部改定を行った。この改定部分が地域防災訓練への参加に関する変更であった。

次の項が加筆されたのである。

第七（実施上の工夫）

（七）地域住民との合同訓練を含む実施計画を立案するなど、訓練を通じて地域との連携を深められるよう工夫する。

（八）実施計画の作成及び訓練実施に際して、防災活動支援隊を企画・立案や運営補助に関与させるなど、自校の防災活動を先導し、地域に貢献できる人材の育成を図る。

この「ガイドライン」の変更に見られるように、都教委は総合防災訓練の中で、高校生に積極的な役割を負わせようとしている。しかも学校内で組織する防災活動支援隊の役割が重視され、地域の活動の中心的な役割を与えようとしているのである。すでにみたように、防災訓練は、軍事訓練にいつでも転用できる危険な側面をはらんでおり、「防災」と冠称されれば何でもよいということにはならないのである。

（以上、文責・永井栄俊）

自衛隊への歯止めにならない東京都教育委員会

渥美昌純（米軍・自衛隊参加の東京都総合防災訓練に反対する実行委員会）

二〇一六年三月二九日、安全保障関連法案が施行された。その後、東京都総合防災訓練への生徒・児童の参加と自衛隊の関わりが変化したかを検証する。

そもそも東京都総合防災訓練は二十三区と三多摩地区を交互に開催するルールで実施されてきた。二〇一五年は東京都・立川市合同防災訓練として開催、翌一六年は東京都・葛飾区・墨田区合同防災訓練（以下東京都総合防災訓練と略）として実施された。

二〇一五年東京都総合防災訓練は東京都、埼玉県、千葉県、神奈川県、横浜市、川崎市、千葉市、さいたま市、相模原市で構成される九都県市防災訓練を兼ねていた。九都県市防災訓練の実施日は九月一日。総理大臣が講評を行うのが通例である。

二〇一五年九月一日は火曜日で、一般参加の中心である町会や商店会などが通常の訓練のように参加しない。その穴を埋めるために都立高校だけではなく立川市内の公立小学校や中学校への働きかけを強める方向で進んでいった。訓練の担当局である東京都総務局長から東京都教育委員会教育長への『平成二十七年度東京都・立川市合同防災訓練への都立学校生徒の参加等について（依頼）』（二六総防対第五〇〇号）文書が出されたのは三月一二日。これを受けて東京都教育委員会教育長比留間英人名で関係都立学校校長と各区市町村教育委員会教育長に『平成二七年度東京都・立川市合同総合防災訓練への参加協力について（依頼）』（二六教総第二二三八号）が提出されたのは三月二七日。ここまでは例年通りだが、この後が違う。

東京都総務局総合防災部防災対策課長と立川市市民生活部課長名で五月一二日に立川第四中学校校長、第六中学校校長、大山小学校校長に対し『平成二十七年度東京都・立川市合同総合防災訓練への参加協力について（依頼）』が出され、五月一四日には第二小学校校長に対し『平成二十七年度東京都・立川市合同総合防災訓練への参加協力について（依頼）』が出された。どちらも文書番号は立市防第四三〇号で共通である。東京都総合防災訓練に対し、自治体と東京都の防災担当局が各市立学校長に対し協力依頼文を出した例は聞いたことがない。

その結果、都立高校の生徒が立川高校一六人、立川ろう学校一六人、立川国際中等教育学校一四六人、砂川高校四八人、昭和高校二二人の計二四八人が参加。立川市の小学生・中学生は第二小学校の二年生八九人。大山小学校の高学年九四人。第四中学校の二年生一三八人。第六中学校二年生一〇三人の計四二四人が参加した。

これ以前の東京都総合防災訓練への区市町村小学校、中学校の児童生徒の参加人数が一番多かったのは東日本大震災の翌の二〇一二年（東京都・目黒区）で、小学生八七人、中学生四二人の合計一二九人である。それと比較して約三倍の児童、生徒の参加人数であり、学校に対しての参加働きかけの強さが窺えよう。

その上、訓練に参加した立川市立第二小学校の児童が陸上自衛隊練馬駐屯地第一普通科連隊が展示していた軍事用車両に乗り込むという前代未聞の事態まで発生した。小学二年生では自衛隊が合憲違憲の論争が起きており自衛隊合憲判決は一度も出ない事実を理解できるわけがない。しかも児童が個人として自衛隊のイベントに参加し車両に乗り込んだのではなく、遠足・見学という教育課程での参加で起きた。

集団的自衛権論議で自衛隊の位置づけが変化している時に自衛隊車両に乗り込むことの持つ政治的意味

に、ここまで教育現場に警戒感が失われたのかと愕然させられた。

　訓練終了後に市民団体等で「立川市は、児童・生徒の自衛隊車両への搭乗やマスコットとの触れあいを、今後も防災訓練等で行うのか、明らかにしてください」との質問に対し、立川市長清水庄平名で「通常の立川市単独で行う総合防災訓練では、考えておりません」と、今後については否定したものの「今回の児童・生徒の自衛隊車両への搭乗やマスコットとの触れ合いは、「展示の見学」の一環なのか、位置づけを明らかにしてください」との質問に対しては、「総合防災訓練の中の展示・体験訓練の一環です」と回答しており、今後も教育現場の判断で同様な事態がおこる可能性は高いと思わざるをえない。

　二〇一六年は東京都が九都県市の幹事ではないため、近年の九月第一日曜日に防災訓練を開催するパターンに戻った。前年のように地域の小学校・中学校に協力依頼を出し、児童・生徒の大量参加の不安は杞憂に終わり、地元自治体に対し学校単位での協力依頼はなく、児童生徒は地域町会、商店街や各種団体のメンバーとして参加した。

小学生が軍事車両に搭乗

　しかしながら都立高校の生徒の参加は多く、葛飾野高校一三人、南葛飾高校四人、葛飾総合高校二五人、本所工業高校一三人、葛飾商業高校五〇人、水元特別支援学校四人、葛飾特別支援学校四人、農産高校一〇人、水元小合学園一八人、本所高校二五七人計三九八人の生徒が参加した。自衛隊の参加は陸自・空自・東京地方協力本部合わせて九三人予定と少なく、炊き出しへの参加や展示ブース脇への車両の展示など目立った変化はなかった。ただ、展示ブースの前に「自衛隊東京地方協力本部新小岩募集案内所」の大看板を出していたことが気になった。東京地本とは都及び都民の総合的な案内担当部門であり、募集課の役割は自衛官募集業務の実施である。新小岩募集案内所は訓練会場の葛飾区及び江戸川区の担当である。これらから総合防災訓練の参加にかこつけ自衛隊へのリクルートを進めるのが展示ブースを出した真の目的ではないか。

私たちは東京都知事並び東京都総合防災部に「過去の訓練においては、自衛隊展示ブースで、防災にまるで関係のない写真（イラク派遣活動などの）展示や、〝迷彩服を着て写真を撮ろう〟コーナー、自衛官募集のパンフレット配布、高校生への勧誘・声かけがされるなど、逸脱した行為が多々見られました。昨年の立川市会場においても、授業の一環で参加している小学校低学年の生徒を自衛隊の車両に乗り込ませるなどの光景が見られました。防災訓練の場で、このような自衛隊のＰＲ勧誘活動が行われることには絶対に反対であり、行われないよう強く求めます」と申し入れをしているが、廃止されるまで至らない。

私の予想が当たっているなら来年以降も東京都総合防災訓練で各東京地本が展示ブースを出し、防災訓練と直接関係ない募集行為が強化される事態が考えられる。安全保障関連法案施行を受け、自衛隊の隊員募集は一段と困難を迎えているが、その穴埋めに防災訓練を通じて自衛隊が教育現場への関わりを強める危険性があるのではないだろうか。

8

〈自衛隊と学校教育〉群馬県の状況と取り組み

――中学生「職場体験」に名を借りた自衛隊勧誘は中止せよ

酒井宏明（日本共産党群馬県議会議員）

中学生に武器の操作まで教える自衛隊での職場体験が行われている――こうした情報が教育現場から私たちに寄せられ、昨年一〇月三一日、私が県議会決算総括質疑で追及したことをはじめ、県内各自治体の議員団が一二月議会で相次いで取り上げた。また、新婦人や平和委員会、教職員組合も申し入れ活動を行うなど、「義務教育にそぐわない自衛隊での職場体験は中止を」の声が全県に広がっている。

自衛隊ホームページにミサイル操作を教えられる生徒の写真

群馬県内の中学校ではキャリア教育の一環として数日間の職場体験を実施している。自衛隊駐屯地（相馬原、新町）などでも行われ、二〇一五年度は県内の中学生約四百人が参加したことが分かっている。朝霞駐屯地や陸上自衛隊広報センター（東京都・埼玉県）まで無料で送迎するなど〝至れり尽くせり〟なのである。自衛隊群馬地本のホームページの中に「職場体験だより」というコーナーがあり、二〇一五年度二七校、一六年度九月段階で一九校、高校一校の名前が明記されている。そこでは生徒個人の顔が特定できる写真を掲載しているのである（議員団や市民の抗議で現在は削除されている）。

自衛隊の職場体験で実際にどのようなことが行われているのであろうか。

自衛隊の高崎地域事務所「職場体験ＮＯＷ」五月二三日～二五日に行われた「やるベンチャー」の特集では、その中に、「将来は自衛隊で決まり」「人気の九〇戦車の前で」「対戦ヘリコプターの前で敬礼動作・グ

「職場体験 NOW」に掲載されていた写真やコメント

ットです」「追従訓練開始見ている方向にミサイルが」「近距離ミサイルの操作要領を習っています」「これで飛行機が落とせるの？」といったコメントがのっている。しかし子どもたちの発言ではなく、自衛隊の担当者が勝手につくったものなのだ。迷彩服を着て、戦車の前でピースサインをした生徒の写真等も掲載されている。また、生徒のレポートでは「戦車の中に入れさせてもらいました。狭かったです」「戦車の使い方をちょっとだけ教えてもらった」「射撃シミュレーションやヘリコプター模擬体験はとてもおもしろかったです」と、どれもまさにゲーム感覚の感想が掲載されている。

自衛隊は他の職場と同列ではない、これは職場体験に名を借りた勧誘そのものだ

私は県議会質問の中で「災害救助や救命救急を学ぶ意義を否定するものではなく、職業としての自衛隊を否定するものではないが、自衛隊の第一の任務は国防、つまり戦場での戦闘行為であり、救助などは二次的な任務であり、安保法制によって世界中の戦闘地域で殺し殺される任務を強いられる危険が格段に高まった自衛隊と、他の一般の職業と同列に扱うことはできない。実態は、職場体験に名を借りた勧誘そのものであり、憲法や教育基本法、子どもの権利条約（三八条：一五歳未満の子どもの戦闘行為への関連性の禁止）の理念からもみても逸脱しているといわざるをえない」と迫った。

笠原寛教育長は「職場体験先として否定する必要はないと考えている。ただ、生徒の職場体験がイベント参加という形で終わってしまっては職場体験の目的からして課題がある。受け入れ先の事業所と学校がよく話し合って、体験内容を趣旨に合致したものにしている必要がある」と答えるにとどまった。

私は、質問の最後に、戦車などの武器にふれることが子どもたちの成長・発達にどういう影響を与えるのか、国際法の観点からきちんと議論する必要があるのではないか。戦車や戦闘機のその先にあるもの、ミサ

イル照準のその先にあるものを想像する力、核兵器などの大量破壊兵器やいっさいの武器が不要になる社会をつくるためにどうすればいいのか、そうしたことを一緒に考えることこそ求められる。なによりもいのちの尊厳、平和の大切さについて、かつての戦争の痛苦の教訓もふまえた教育こそ求められていることを強調して、自衛隊での職場体験を中止するよう強く求めた。

各市町村議会での議員質問　新聞各社、ＮＨＫも報道

県内の各市町村議会でも論戦が交わされた。

前橋市、高崎市、太田市、伊勢崎市、館林市、藤岡市、渋川市議、中之条町、明和町の各議会で質問が出された。「平和教育を推進する中で今後職場体験を精査して進めていきたい」（明和町）、「武器を触らせることは教育の面からあまり好ましくない」（館林市）と慎重姿勢を示す自治体がある一方、高崎市の富岡賢治市長は「国を守り、防災に頑張っていただいている自衛隊での職場体験はいいことだ、引き続きやっていただく」（「上毛新聞」一二月三日付）と答弁するなど、多くの自治体では今後も続ける構えであった。

二〇一六年一一月三〇日の水野太田市議の質問は、マスコミ各社が大きく報道した。地元の「上毛新聞」一面で報じられたのをはじめ、毎日新聞「生徒『これで飛行機が落とせるの？』サイトに架空発言　群馬自衛隊協力本部が閉鎖」と、東京新聞も「自衛官募集ＨＰに写真　中学生の職場体験掲載　高崎市校長会抗議で削除」とそれぞれ全国版社会面で大きく報道した。読売新聞と朝日新聞は群馬版で報道。ＮＨＫも「ほっとぐんま６４０」で取り上げた。議員等の質問とは取り上げ方が異なるが、どれも生徒の顔がはっきりわかる写真を自衛官募集のページで無断掲載していたことを問題視するものであった。

その後の調査で、太田市は二〇一二年から一六年度の五年間で全中学校一七校中、一六校三九三人が参加

したことが判明。前橋市は同じ五年間で二〇校一〇六人、伊勢崎市では二〇一四年からの三年間で五校二四人、藤岡市でも昨年と今年度で五校一五人が参加したことが明らかになった。

全群馬教職員組合や新婦人、平和委員会が要請行動

こうした中、民主団体でも動きが活発化した。全群馬教職員組合は一一月一七日、同前橋支部は一八日、それぞれ県教育長、前橋市教育長あてに「命を何よりも大切にし、平和な社会をつくる人間を育てるという教育上の立場から容認できるものではない」と、教え子を戦場に送らないという立場から自衛隊の職場体験を実施しないよう申し入れた。

新日本婦人の会前橋支部は一二月、体験した生徒が通う三校の校長らと懇談（電話も含む）。学校からは「自衛隊も普通の職場と同じように考えている」「生徒の家族に自衛隊関係者もいて生徒が希望した」と、今後も続ける意向を示す一方、「戦車の前でピースサインをするなど不真面目なことはやめさせたい」「以前の自衛隊とは任務が変わってきたので学校としては考えていかなければと思う」といった慎重意見も出された。

前橋平和委員会は今年一月一一日、前橋市教育委員会に対して、自衛隊の第一の任務は戦場での戦闘行為であり、災害救助などの任務は重要であるが、他の職業と同列に扱うことはできないとし、自衛隊での職場体験を中止するよう要請した。

このように議会での追及と並行して、各団体が学校や教育委員会等への要請を行ってきた。近年、自衛隊の応募者が減っているが、集団的自衛権の行使容認や南スーダンへのＰＫＯ自衛隊部隊の「駆けつけ警護」など緊迫した情勢を反映したものに違いない。職場体験に名を借りた自衛隊勧誘そのものであり、きっぱり中止すべきだ。県民世論をさらに高めていく決意である。

9

〈自衛隊と学校教育〉神奈川県の状況と取り組み

――夏休み、横浜の中学校で自衛隊演習見学会実施の衝撃

林　一子（ふぇみん婦人民主クラブ）

「教育の一環」としての自衛隊見学

二〇一五年六月二五日、「神奈川新聞」に掲載された「（横浜市立中）陸自演習の見学募集」という記事に大きな衝撃を受けた。内容は、横浜市立の中山中学校で、八月に東富士演習場で実施される総合火力演習の見学会を夏季学習として一年生に呼びかけているというものだ。

総合火力演習は戦車やヘリコプター等最新鋭装備を使った実弾射撃訓練を間近に見ることが出来る国内最大級の軍事演習で、マニアには超人気で一般的には入場券の入手も困難なもの。防衛省ＨＰによれば毎年二〇数倍（二〇一七年は二八倍）という高い競争率だ。計画された見学会は関係者向けの予行演習で内容は本番と同じものだと言う。

新　聞　2015年（平成27年）6月25日　木曜日　A版　社会　24

陸自演習の見学募集

横浜市立中、過去にも実施

横浜市立中山中学校（同市緑区）の社会科教諭が夏季学習として、陸上自衛隊が8月に東富士演習場（静岡県御殿場市）で行う総合火力演習の見学会の参加者を1年生から募っていることが24日、同校への取材で分かった。小嶋貴之校長は「社会科の学習のきっかけとして不適当ではないと考えた」と話している。保護者からは「中学校でこのような企画をすることに驚いた」との声も出ている。

（桐生　勇）

陸自によると、総合火力演習は最新鋭の装備を駆使した国内最大級の演習で、戦車やヘリコプターによる実弾射撃を間近に見ることができる。今年は8月23日実施で、同月18日、20日には関係者向けの予行演習が行われるという。

生徒に配られた文書は表題に「1年生社会科夏休み学習相談について　陸上自衛隊　総合火力演習　見学会」とあり、8月18日の予行演習の見学に10人を募集。希望者は7月3日までに社会科の教科担任に出席票を提出するよう求めている。

文書では、育鵬社の中学教科書「新しいみんなの公民」を挙げ、「第2章　私たちの生活と政治　Ⅰ日本国憲法の基本原則　6平和主義」の単元に対応していると説明。同単元での評価の観点として「平和主義が日本の平和を守るだけではなく、世界の平和に貢献する考えであることに気づいているか」などを挙げている。

小嶋校長によると、見学は社会科教諭の発案で、自

国内最大の実弾射撃演習とされる富士総合火力演習の告

「神奈川新聞」二〇一五年六月二五日付記事

予備自衛官の職権を利用した見学会

見学会は二〇〇九年・二〇一四年に続き三度目であった。予備自衛官（二等陸尉）である同校の社会科教員が企画し、二〇一四は三年生一〇人が参加、二〇一五年は自衛隊の側からの働きかけもあり一〇人分が確保されたと言う。自衛隊の神奈川地本・市ヶ尾募集案内所から出発する関係者のバスツアー（参加費大人三千円、中学生千円）に生徒を動員する等、予備自衛官の職権を利用した自衛隊の広報活動とも言え、教育の中立性・公正性を著しく損ねるものだ。現職教員が予備自衛官と言うのも驚きだが、兼職規定上の問題はないのだろうか。横浜市教委は「（兼職の）届けが出され許可している」と言うが、立場を利用した自衛隊の広報活動が正当であるわけがない。

学校から配布されたプリントには「一年生社会科夏休み学習相談について」とあり、育鵬社・公民科の教科書「憲法　平和主義」に対応する評価観点が列挙されていた。しかし、中学一年生に公民科の授業はな

い。「学習相談」などという意味不明の呼びかけで、評価に繋がると感じる生徒や保護者もいたのではないのだろうか。当初一〇人を超える応募があったという。

すぐに私たちをはじめいくつかの市民団体、労働組合が中止の申し入れをしたが、市教委・校長ともに「問題ない」という立場で、新聞の取材に対しても、校長は「社会科全体を多面的に学習するきっかけになる」、市教委指導企画課は「夏休み中の自主的な学習の一つ。公的機関が主催する行事への参加を募ったもので、希望者が保護者の承諾を得て参加することに問題はない」と答えている（「朝日新聞」・「神奈川新聞」六月二六日付）。見学会の事実は、中学生が持ち帰ったプリントを見た保護者により表面化した。保護者の中から疑問の声が上がり問題が表面化したというのにずいぶん居直った対応なのだ。

当該の教員は二〇一三年に「横浜教職員連盟」という反日教組を標榜する全日教連系の教職員団体を立ち上げていて、彼らのフェイスブックには今回の見学会を支持する「声明」が載り、応援の声が山のように届いていた。産経新聞も取りあげ、職場への支援ＦＡＸなどもたくさん届いており、日本会議などの右翼的な政治勢力との繋がりも伺える。こうしたことが市教委等の一連の対応にも影響を与えているのではないかと思う。

以前にも同様の見学会が実施されているのに、また当該教員が中山中に在籍している数年間、横須賀の陸上自衛隊高等工科学校への見学等も行われているが、なぜ職場の中から、また生徒や保護者の中から批判の声が出てこなかったのだろうか。確信的な右翼的教員と言う当該教員の明確な立場性が、校長の黙認する態度と同様に、教職員の沈黙を生み出したことは想像できる。が、問題を問題として認識し、対応する力が学校の中から失われていることもまた事実であり、危機感を覚える。生徒や保護者、教職員にも、自衛隊に対する違和感は少なく（教科書で学習しているのだから！）、「学習」とか「成績」に繋がると考えれば、受け入れてしまう人が多いと言うこともあるのだろう。教育現場における問題の根深さを感じる。

多くの反対にもかかわらず、二〇一五年の見学会は当初の十人より減ったものの六人の参加で実施された。だが、その四日後に行われた別の日の公開演習の際、戦車から砲弾を発射した時に部品が見学席に飛び、けが人が出るというとんでもない事故が発生した。非常に危険な場所だということが改めて確認できる。子どもが事故に巻き込まれていたらと思うと恐ろしいばかりだ。

自衛隊演習見学、二〇一六年度は中止！

中山中学校の東富士総合火力演習見学会は、翌年度は見送りになった。表面的には「基礎基本を中心とする。校外学習は発展学習だからやらない」などという理由で、外部に生徒が出る学習はしない。つまり富士総合火力演習見学を含め、全教科で校外学習はしないということを学校全体の確認事項としたようだ。一昨年、このことが発覚して以後、市民からの抗議の声が多く届けられた。「昨夏の混乱は避けたい」と、四月に着任した新校長が決定したようだ。校長の交代も含めて、横浜市教委の判断があったと言うことだろう。正面切って中止できない学校の弱さを感じるものの、市民の取り組みの成果だ。

全ての中学校で育鵬社の教科書が使われている横浜市。二〇一五年夏、まさに安倍政権が戦争法を強行成立させようとしていたその時に、軍事訓練の見学が「平和学習」などというのではまるでジョージ・オーウェルの『一九八四年』の世界のようで笑い話にもならない。中山中学校で起こっていることが、レアな一つのケースではなく、全国どこの学校でも起こりうることだということを肝に銘じたい。学校現場における自衛隊の浸透が、私たちの予想を超えて急速に拡大している。

県と地教委へ、三八団体連名で「職場体験学習中止を求める」取り組み

小中学生の自衛隊への「職場体験」が総合学習の時間を使って実施されている。防衛省のＷＥＢサイトには「『総合的な学習の時間』（文科省）への協力内容」が公開されている。

横浜市立中山中学校の陸上自衛隊「総合火力演習」見学問題は突出した例ではあったが、裾野には「教育」の名目で行われる自衛隊の学校への介入・侵入がある。

調べてみると神奈川県内の中学校や高校でも「総合学習」の職場体験学習として、自衛隊への見学が日常的に行われている。県内自衛隊の窓口であり、主に自衛官の募集や広報活動を行う神奈川地本のＷＥＢサイトには「総合的な学習の時間（職場体験）」のコーナーがあり、未来の自衛官獲得のために積極的な活動を行っている。広報誌「ミリバ」によれば、ベッドメーキングといった軽い活動からＰＡＣ３（パトリオットミサイル）や戦車の見学、徒手格闘技等実際の訓練の見学など多彩なメニューで子どもたちが自衛隊の活動に参加しており、将来的な募集に繋げていくという自衛隊の決意満載で愕然とする。教育と軍事のありかたそのものが問われているのだ。

昨年三月、私たちは神奈川県内を中心とした市民団体・労働団体三八団体の連名で、「自衛隊への『職場体験学習』中止を求める要請書」を県と県内全市町村教委へ提出し、文書での回答を求めた。

キャンプ座間―中学生の職業体験をフェイスブックでＰＲ

沖縄に次ぐ第二の基地県神奈川である。取り組みの中では、私たちの予想を超えて自衛隊ばかりでなく米軍との交流なども幅広く行われていることが明らかになった。昨年、武蔵村山の中学校で横田基地との交

流で「ミニブートキャンプ」が行われているという驚きの報道があったが、神奈川県内でも相模原市の中学校でキャンプ座間への職業体験を行ったという事例があった。しかも、その内容がキャンプ座間のフェイスブックに紹介され、中学生の顔写真入りで宣伝に使われていたという。仕事内容は、キャンプ座間内のスーパーマーケットでのレジ打ちや商品の陳列などの業務だが、休憩時間に米軍の航空機に乗せてもらうということもあり、それらが動画としてアップされていた。

また、職業体験ではないが、県立高校が厚木基地のアメリカンスクールの生徒たちと基地の行事に参加するなどの交流も明らかになった。これらも米軍のフェイスブックなどで宣伝に使われているのだ。

自衛隊は学校に手を出すな！　学校は自衛隊へ手を貸すな！

「要請書」に対しては三四自治体（神奈川県・県内市町村の合計）のうち、文書で一九、口頭一一の計三〇の自治体から回答が集まり、それらをまとめて資料集を作成した。県教委をはじめほとんどの教育委員会が要請書の趣旨を避け、「総合的な学習の時間」に関わるキャリア学習、「職場体験学習」一般の問題として回答をよこしている。しかしこの回答自体が問題の本質を表しているのだと私たちは受け止めている。教育委員会はことなかれ主義で実情をしりながら学校現場任せであり、また学校の側に問題意識はほとんどなく「自衛隊」であれ「米軍」であれ、きっかけがあれば軍隊がすっと教育の現場に入り込んでしまうという実態が明らかになった。深刻な学校現場の状況と言える。教職員組合などの取り組みもほとんどなく問題の根っこは深く、継続して取り組んでいく必要を感じている。

この取り組みを第一段階として、学校が自衛隊と結びつくこと、また教育が軍事的に利用されるような関係を断ち切るためにさらなる取り組みを考えていきたいと思っている。

10

〈自衛隊と学校教育〉愛知県の状況と取り組み

――教育の軍事化と海外派兵への前進基地・軍事産業地域

小野政美（憲法と教育を守る愛知の会）

教育の軍事化――愛知ではいま

愛知県内では、名古屋市・日進市・豊橋市・豊川市などの中学校で、陸上自衛隊高等工科学校の募集が行われている。愛知県内五四自治体の内、「自衛隊への職場体験」が二三自治体（四〇・七％）もある。しかし、体験内容をほとんどの自治体が把握していないのが現状である。二〇一五年一一月、知立市で行われた「第二回ちりゅうこどもフェスティバル」では、幼児以上を対象にした「お仕事体験」で、「自衛隊員になろう」というプログラムも実施された。

愛知では、後述するように、海外派兵の前進基地としての動きが様々な形で進められている。第一〇師団は名古屋市守山区に司令部を置き戦略機動部隊になり、航空自衛隊小牧基地は、すでに海外派兵、米軍の後方支援基地となっている。普天間基地所属の海兵隊が小牧基地を使用している。航空自衛隊高蔵寺分屯地は、高蔵寺ニュータウン団地の横にあり、弾薬庫もある。愛知は戦前も今も「軍事産業地域」であり、また、米軍・自衛隊は、名古屋港を使用している。教育の軍事化が進む愛知の現状はこれらのことが背景になっている。

愛知県・中部地方における自衛隊によるリクルート活動

(1) 既述のように自衛隊は、リクルートのために、住民基本台帳の閲覧を自治体に請求しているが、東海地方では、民間採用が好調であり、自衛官は勧誘に苦労しているといえる。三重地本と岐阜地本は、各々の判断で閲覧・名簿提供で情報収集を行っており、愛知地本では全ての市町村に閲覧申請している。

名古屋市では、「住民基本台帳」を根拠に全閲覧のみで対応している。小牧市では、小牧地域事務所が二〇一四年五月一四日から三〇日まで、二一五六件の閲覧、半田市は、一月一六日に、一六七名の閲覧を行っている。子どもの貧困が拡大する中で、愛知県・中部地方においても、「経済的徴兵制」に繋がるリクルートが様々な形で展開されている。

(2) 三重県では、二〇一五年七月「集団的自衛権行使容認」の閣議決定の翌日、三重県内の高校生全員に配布された「自衛官募集」のチラシに、自衛隊三重地本とともに、三重県・三重県教育委員会が名を連ねていた。校門の中に入って配った自衛官もいたという。

自衛官募集のリーフレットなどに名前を記載している都道府県は、二〇一五年三月現在、井上哲士参院議員調査によれば、一〇府県(山形・茨城・千葉・石川・三重・滋賀・大阪・山口・徳島・鹿児島)である。ただ、教育委員会が連名であったのは、三重県だけである。

三重県教育委員会事務局担当者は、『平和新聞』の取材に対し、「防衛庁から知事への依頼を受け、県から

「自衛官募集」のチラシに三重県及び県教育委員会が連名

県教委に自衛官募集への協力依頼があった。その後、自衛隊三重地本からリーフレットなどへの県教委名記載の具体的な依頼があり、高校生が進路を選択する上で、自衛官という職業についての理解を促す内容だったので協力した。あくまで、さまざまな職業の中の一つとしての情報提供だと考えている」と説明している。

市民団体の申し入れの中で、二〇一四年度の自衛官募集への協力について、教育委員会の正式会議に諮ることもなく、三重県教委事務局の独断で行ったことも分かった。二〇一五年度以降は、市民団体の抗議要請もあり、三重県教育委員会は連名を中止した。

（3）愛知県では、名古屋市・日進市・常滑市などで教員が、「防衛省令」自衛官募集パンフレットを渡している。河村たかし名古屋市長は、学生の家族約二百人の「入隊激励会」にも参加した。

（4）愛知県では、自衛隊愛知地本・各出張所等と愛知県・各市町村教育委員会の「連携」が行われている。基地見学会・学園祭への自衛隊受け入れ・校長会及び愛知県私学協会教職員部会への自衛隊受け入れ・現役自衛隊員の母校訪問入隊後報告・自衛隊による防災講話・自衛隊説明会・進学相談会・大学企業店参加などが行われている。

（5）二〇一三年度は、愛知県立三好高校・東海商業高校・緑ヶ丘商業高校・碧南高校、私立名古屋高校・愛知産業大学三河高校・愛知産業大学工業高校・豊田大谷高校・啓明学館高校・安城学園高校などで、「自衛隊への理解を促進するとともに、進路選択・指導に資する」として、自衛隊の学園祭などへの参加が行われている。

また、「就業意識の醸成」と称して、自衛隊の活動紹介・募集種目説明などを、大学は、愛知県内総数四五大学（大学内説明会三三）、高校は、二一一六校（校内一七二）、中学は、四三七校で行っている。自衛隊による「防災講話等」は、大学四、高校一〇、中学校一八、小学校三校で行われている。

（6）さらに、愛知県の公立高等学校校長会理事会・愛知県私学協会教職員部会（教頭・教諭等）・各市町村教育委員会・各市町村校長会会議などに参加し、自衛隊の任務等の概要・自衛官等募集に関する制度（二〇一三年度は、特に新設防衛医科大学校看護学科にも）の説明等を行っている。

そこでは、自衛隊は、「安全保障に関する国民としての基礎知識を付与し、国防及び自衛隊への理解を促進」・「自衛官を職業として認識（意識）できる環境の付与」し、学校は、「愛国心・規律心等を教育に反映」・「規範意識、危機管理体制の確立」を行う「方向性」が示されている。

（7）二〇一四年五月に岐阜県で開かれた東海地区の会議には、三重県教育委員会所属の高校教育キャリア教育班の主幹が出席し、「教育委員会・学校及び自衛隊との連携状況」と題して、「学校等における（自衛官募集）の資料等の設置」や「小中高を通じた系統的な体験学習」などの実施状況を報告している。

（8）自衛隊は、自治体・学校などを通じて募集活動を活発化させ、名古屋市金山駅、豊橋駅など主要各駅で「平和を仕事に」（愛知では一部の自治体が自衛隊と共同し、リーフレットを作成している）と募集・宣伝が行われている。

（9）学校現場では、進路・生活指導の中で自衛官募集が行われ、県立高校では募集ポスター掲示は九七％、愛知県内の私立高校名門野球部による体験入隊も行われている。

中学生に対する自衛隊の「職場体験」、適齢者情報に基づく個人宅訪問なども始まっている。

（10）ある高校教員からの情報では、数年前に卒業した生徒が職員室にやってきて、「戦車隊に入って頑張っています」と話したという。そして「最近、県内の他の高校でも、現職の自衛官が母校を訪問して、教員や後輩に自衛隊の話をすることが増えている」とも。

自衛隊が「ハイスクールリクルーター」制度を二〇〇七年から始め、「募集重点校」出身の入隊五年以内の若い隊員を「ハイスクールリクルーター」に指定し、出身校を訪問させ、卒業生という利点を使って、在校生の自衛隊募集を推進する制度によるものだろう。

（11）愛知県愛西市では、市民の抗議で、愛西市主催の基地見学会を中止させた。愛知県岩倉市教育委員会が、中学生の「自衛隊職場体験」を中止させている。

愛知における教育の軍事化の背景――愛知は、海外派兵への前進基地・軍事産業地域

学校教育への防衛庁・自衛隊の介入が行われている愛知・中部地方の背景には、愛知・中部地方が、海外派兵の前進基地としての動きがさまざまな形で進められている背景があることが重視されるべきである。

「防衛装備移転三原則」により、軍事産業地域の愛知県・中部地方は、危険な状況にある。「新型戦闘機F35」生産では、米英など九か国で共同生産が行われ、組み立ては三菱重工小牧南工場で行っている。防衛省は、三菱重工業、ＩＨＩ、三菱電機の三社と契約し、「アジア太平洋地域の維持・整備拠点を設置すること

も視野に、関係国と調整」し、F35機体製造を担当する「三菱重工名古屋航空システム製作所」（愛知県小牧市・豊山町）を拠点に擦ることも決まっている。愛知県は、第二次世界大戦前から航空機産業を中心とした軍事産業の重要拠点であり、現在も、三菱重工、川崎重工、富士重工などを中心に軍事産業が軒を連ねて全国最大級の軍事産業地域である。中部地方の航空機関連産業は、全国の半分を占めている。武器輸出全面解禁により、中部経済界は、露骨な軍事強化を狙っている。二〇一五年一一月の国産初のジェット旅客機「MRJ（三菱リージョナルジェット）」の初飛行から一年。MRJの量産開始やアメリカ・ボーイング社の増産を背景に、の航空機産業は、活況を呈している。

航空自衛隊小牧基地は、海外派兵、米軍の後方支援基地となっており、KC767J空中給油・輸送機の四号機を二〇一〇年一月八日配備し、本格運用されている。C130H輸送機にも空中給油機能が付けられた初号機が小牧基地に配備された。この空中給油方式は、米海軍、米海兵隊への給油が可能であり、米空軍機への給油が可能であるKC767Jとあわせ米軍支援の役割を強めるものである。小牧基地は、全自衛隊の航空管制官の養成学校、救難ヘリ整備の中心基地機能も持ち合わせている。海兵隊は、小牧基地を使用し、沖縄・座間・厚木・横田・三沢基地等への中継地点として使われている。二〇一六年「伊勢志摩サミット」では、二〇一六年五月二〇日午後、米軍機オスプレイ五機が、サミット警備を理由として県営名古屋空港に着陸した。普天間基地所属のVMM－二六五ドラゴンズが岩国基地経由で飛来した。五月二一日（土）には、小牧基地を離陸し県内を飛行し三重県志摩市（中部空港経由）に向かった。

陸上自衛隊第一〇師団（名古屋市守山区に司令部）は、戦略機動部隊にして、市街戦を想定した戦闘訓練を行う陸上自衛隊であり、第一〇師団の所属する中部方面隊は、東海六県、北陸から山口県をカバーしてい

小牧基地の航空自衛隊の様子

る。守山駐屯地には、核戦争や化学兵器に対応する科学防護隊の約六〇人配備。第一〇師団は、「戦略機動型」として、海外派兵、米軍の先制攻撃から波及してくる「テロ」対処など有事の場合、緊急に遠方に展開する任務を持ち、そのための市街戦訓練も行なっており、銃を持った訓練、行軍訓練も頻繁に行われており、その一環である。陸上自衛隊守山駐屯地の創立記念（一般公開）では、海外で「貢献」できるよう訓示した。二〇一五年一〇月一一日には、守山駐屯地で、陸上自衛隊第一〇師団の五三周年記念行事があった。安保法制の成立直後で、山本師団長、大村県知事とも、海外で「貢献」する自衛隊になるよう訓示と挨拶を行った。戦闘車両のパレード後の訓練展示では、戦車や装甲車なども投入した実戦さながらの模擬戦闘がグランドで繰り広げられた。戦車や榴弾砲の空砲に泣き叫ぶ子どももいた。戦闘で自衛隊員に負傷者が出たことを想定し、担架で救急車に運ばれるシーンがあった。7階建て官舎の屋上からのレンジャー降下と建物への突入・爆破など、訓練は年追うごとに激しさを増しており、海外派兵と対テロの市街戦を想定したものへの試乗やロープ橋渡りなどもあり、順番待ちの行列ができた。自衛官募集のコーナーでは、入隊希望の中学生、高校生らがアンケートに答えていた。さらに、名古屋商工会議所共催の「防衛装備庁と研究開発とものづくり」という東海防衛セミナーのチラシも配布し、兵器産業のための自衛隊そのものであった。

II

〈自衛隊と学校教育〉大阪府の状況と取り組み

吉田正弘（『日の丸・君が代』強制反対・不起立処分を撤回させる大阪ネット）

国防教育を掲げる大阪府立高校

東京都で高校生に自衛隊での体験宿泊訓練が強制され始めていくのと軌を一にして、大阪府でも府立高校に対する自衛隊の浸透が新しい形で進められてきた。その先頭を切り、最も悪質であったのは、大阪維新の会の橋下元知事・市長の「ご学友」であり、二〇一〇年に府立和泉高校の民間人校長になり、さらに後に橋下知事に抜擢されて大阪府教育長に就任した中原徹校長であった。中原校長は、二〇一二年四月に石原慎太郎知事、猪瀬副知事らが開き、都立高校生の自衛隊宿泊体験を議論した第三回「教育再生・東京円卓会議」に出席し、この政策の推進に協力した人物である。それだけではなく、和泉高校に着任して以来、彼自身が自衛隊の高校現場への浸透を推し進めた。

和泉高校で中原校長は強引に「国防教育」を公教育に持ち込み、生徒を自衛隊の隊内生活体験に連れて行くなどの活動をし続けた。二〇一〇年以来、毎年陸上自衛隊信太山駐屯地への「隊内生活体験」に生徒達を連れていき、また校長自らが憲法を否定するような「平和と国防を考える」という「国防教育」の特別講座を行い教育内容にまで介入した。

特別講座の目的として中原校長は「被爆国である日本で生活する皆さんには、これからの国際平和を考え、平和のためにどのような国防が必要とされるのかを真剣に考える必要があると思います。日本の教育界では、これまで『国防』『自衛隊』という言葉自体にアレルギーがあり、いろいろな意見や考え方を冷静に考える機会が乏しかったと感じています。平和や国防を国民一人ひとりが真剣に考え、平和を実現する必要があります」としている。

講座では長崎の被爆者の証言のDVDとレジュメで、被爆者の被害に触れたうえで、それを出汁にして平和を守るためには軍事力が必要と説く。憲法九条について「自衛戦争／自衛力も禁止されている」とするのは「学者の少数説」で、「侵略戦争を禁止しただけで自衛戦争／自衛力は認められる」のが「学説の多数説・政府見解」であると説明し、第二項「戦力不保持・交戦権否定」も自衛力禁止から自衛隊や日米安保は合憲（一部の学説および政府見解）までいろいろ解釈があると、あたかも客観性を装った形で、「国防のための軍事力」の正当性を説いている。そしてこの特別講座の仕上げが、後日に行われる陸上自衛隊第三七連隊信太山駐屯地での隊内生活体験である。実際に生徒を自衛隊に引率し、戦車や銃など兵器に触れさせ、基本教練やロープ訓練を体験させ、自衛隊の話を聞かせることで自衛隊に親しみを持たせ、軍事力の必要性を感じさせようというものである。

中原校長が橋下知事によって府教育長に抜擢された二〇一三年以降は、中原校長を支えてきた河合克昭教頭が和泉高校校長に昇格し、中原路線そのままに国防教育を続けている。もっとも、ワンマンであった中原元校長の後であるため勢いは失速してきている。中原時代の二〇一〇〜一一年は特別講座＋自衛隊体験だったが、二〇一二年はこれに加えて海上自衛隊舞鶴基地まで生徒を連れていき、宿泊で隊内体験をさせた。河合校長に変わった二〇一三年には秋の遠足の行き先を「自衛隊体験か海岸清掃か植林体験か」という強制奉仕活動の中から選ばせ、まるで奉仕精神注入の活動に変質させた。この年は遠足として二六〇人もの生徒を陸上自衛隊信太山駐屯地での隊内生活体験に連れて行った。しかし、自由参加の建前をとった手前、年々規模は縮小し、二〇一五年は数人の参加者になっている。

中原元校長が始めた学校ぐるみで自衛隊に生徒を接近させる動き、いわば東京都のように学年をあげての宿泊研修、奉仕の強制による教育はまだ組織的な形で上から押しつけられるまでには進んでいない。中原という人物は和泉高校校長時代だけでなく、府教育長としても権力的支配、暴君的支配を行い、結局のところ自分自身が部下に対するパワハラで辞職を余儀なくされて以降は、有力な推進者を失った形になっている。

舞鶴基地で宿泊訓練を受ける和泉高校生

自衛隊幹部を講師にした講演会の実施

大阪府立高校で最近増加している自衛隊のやり方は、東日本大震災などを契機に「防災」を前に押し出し、校内に自衛隊幹部を呼んで講演会を行い高校生への浸透を図るというものである。しかし、自衛隊は災害の発生後に出動するにすぎず、本来「防災」について

民間校長となった自衛官『任務完了』
（竹本三保、並木書房）

ほとんど内容を持っていない。結局は、災害時の自分たちの活動の美化に終始するにすぎない。そして戦争で闘い人を殺すという本来の任務を後ろに隠して高校生に取り入ろうとする動きである。

二〇一五年度に自衛隊幹部を招請して校内で講演会を開いたのは「トップテン」と言われる「有名進学校」である天王寺高校と大手前高校である。天王寺高校では「学校教育外での総合学習の一環（天高アカデメイア）」として放課後に約九〇人を対象にした「宇宙を翔る技術イオンエンジン」という講演会を組織し、防衛大学校教授に講演を依頼した。大手前高校は二〇一六年も防衛大学校准教授による「天気予報はなぜあたる（らない）のか」という題目で講演を行っている。また、四條畷高校も同様の講演（「液晶ディスプレイの省エネルギー化」）を行っている。これらは防災教育名目ではないが府立のトップ進学校に防衛大学校の宣伝を広げることを目的とした新手のやり方である。

二〇一四年度には同じく「トップテン」の豊中高校と生野高校が全校生徒を参加させて「防災講話」「自衛隊の災害救助活動について」で自衛官による講演会を行っている。さらに元自衛隊幹部が「民間人校長」として赴任した狭山高校（全学年）や枚岡樟風高校（三年生）でも同様に陸上自衛隊三七連隊幹部や自衛隊大阪地本を講師に「防災」をテーマに講演会が行われている。二〇一二年に自衛隊（一佐）から狭山高校民間人校長に転じた竹本三保校長は、「国を支える柱は『国防』と『教育』」と主張し、校内で自衛官を講師に講演会などを行うとともに、自らが自衛隊出身の校長として様々な機会に講演し元自衛官の宣伝塔として活発な活動を行っている（竹本三保『任務完了 海上自衛官から学校長へ』並木書房、なる本も出版している）。

自衛隊基地見学、訓練体験を通じた自衛隊員募集への協力

従来、ほとんどの府立高校では自衛隊の募集活動に協力せず、校内での募集に関する活動を容認してこなかった。自衛隊も校外での勧誘活動が主な手段だった。しかし、最近は直接的な自衛隊の高校生に対する募集活動、高校への自衛隊の浸透が、自衛隊基地への見学、訓練など隊内生活体験（インターンシップ）の形で府立高校の側から求める形で行われている。自衛隊の側からも府立高校の進路指導部などに対して積極的に働きかけを行っている。毎年何校かの府立高校がこのような活動に生徒を参加させている。

顕著な例として、二〇一五年度に布施工科高校が七月に三日間連続の自衛隊基地見学・隊内生活体験を行ったことがあげられる。一日目に航空自衛隊岐阜基地見学、二日目に陸上自衛隊信太山基地での隊内生活体験、三日目に陸上自衛隊大津駐屯地での隊内生活体験を行い、これに八名の生徒を参加させた。これらの送迎は自衛隊のバスで行われた。二〇一六年度は七月に二日間にわたって布施工科高校、大塚高校がインターンシップ（職業体験）として陸上自衛隊伊丹駐屯地での隊内生活体験をおこなっている。また、二〇一四年度には箕面東高校が航空自衛隊岐阜基地見学を自衛隊バスの送迎で行っており、前述の布施工科高校は二〇一四年度も陸上自衛隊伊丹駐屯地に二六人の生徒を送り、自衛隊の訓練を体験させている。また、岬高校も少人数とはいえ二年連続で陸上自衛隊信太山駐屯地に生徒を「職業体験」に行かせている。このような形でのインターンシップが他の公務員、例えば消防や警察で行われた例はない。宿泊を伴う形も含めて、隊内生活体験という形で基礎訓練や心構えなどを経験させる自衛隊のケースが突出している。どう考えても、これ

信太山駐屯地での訓練

らの学校では極めて異常な形で自衛隊への就職の勧奨を行っていると言うほかない。

高校での職業紹介活動への浸透

これらとは別に、各学校で行われるキャリアガイダンス、職業体験、卒業生に聞く会などの形でも自衛隊は毎年いくつかの府立高校に浸透している。二〇一五年は港南、野崎、狭山、鳳高校等が職業紹介の形で校内で自衛隊員の宣伝の場を与えている。二〇一四年度も五校が行ったと報告されている。キャリアガイダンスを企画する業者の中には様々な職業・専門学校・大学等の紹介セットの中に自衛隊をあらかじめ組み込んでいるケースがある。そのほか、大阪府立体育館などで行われる高校生向けの「職業体験セミナー」にも自衛隊は「自衛隊ブース」を設置し、鉄帽、防弾チョッキ、暗視装置などを展示して勧誘活動を行っている。さまざまな災害出動で市民権を得たと考える自衛隊が、意識的に高校での職業紹介や就職フェアなどへの進出を通じて応募拡大を追求しているのは間違いない。

なお、大阪市教育委員会に対する情報公開請求で入手した資料によれば、橋下市長以来の維新市政下で、大阪市立の中学校が職場体験や防災訓練に他の市以上に積極的に自衛隊を利用していることが判明した。兵庫県にある陸上自衛隊伊丹駐屯地に、二〇一五年度には茨田、西淀、美津島、天下茶屋、阪南の五つの大阪市立中学校が職業体験として希望する生徒を連れて行き訓練体験を行っている。一四年度一〇校、一三年度一三校であり、減っているとはいえる。また防災訓練に際して南、大正西、三国、本庄、南港南、天下茶屋の大阪市立の各中学校が自衛隊の参加を仰ぎ、装備の展示などを行っている。

大阪府立高校における自衛隊の浸透は、まだ府教育庁（教育委員会）から露骨な形で方針が出され、それに従って多くの学校で行われていくところまでは行っていない。しかし、これまで述べたように突出した形で和泉高校をはじめいくつかの学校で自衛隊を美化したり、自衛隊の勧誘にすすんで協力することが行われている。その意味では自衛隊の府立学校への浸透は徐々にではあるが進んでいる。残念なことには、府立学校における浸透の実態がまだ広く知られておらず、実施されている各学校の中からも、教職員組合運動からも今のところ大きな批判や抵抗の声が上がっていない。

大阪箕面市の自治体に向けた市民運動

大阪茨木市での取り組みについては別稿にあるが、同様の運動は箕面市でも起きている。市民運動の「教育が危ない！北摂市民ネット」は七月に、箕面市長に対して、自衛隊への住民名簿提供や市内での宿営訓練等に対する質問書を提出、その後、開示請求で明らかになった「銃を携行した徒歩行進訓練（二〇一四年）」（その後、昨年一一月の実施も明らかに）とともに、一〇月にはこれらの「協力」を行わないことを申し入れている。箕面市での昨年の「名簿」協力は「一八〜二六歳」の男子六一三六名、「一五歳」すなわち中学三年生六九三名、の複数回に及んでいる。自衛隊大阪地方協力本部は「平成二七年度・紙媒体提供自治体の入隊者数」は、府下では東大阪市、茨木市、箕面市が〝ベスト三〟だと示している。名簿提供等の「協力」の法的根拠については、箕面市は専ら「法定受託事務」を挙げているが、市民側の「法的な強制」は存在しな

高校生の隊内生活体験の様子（伊丹駐屯地のブログより）

い、「非協力は違法ではない」との追及に答えることができない。市民からは、とくに名簿提供については、その実態が情宣された直後には続けざまに市への抗議電話があったという。

市民運動の動きと連動しながら、教育現場でも反対運動を強めて行くことが必要だ。

12

自衛隊と東京の「オリンピック・パラリンピック教育」

渡部秀清（都教委包囲首都圏ネットワーク）

自衛隊でオリンピック選手の育成を

二〇一三年九月に二〇二〇年開催の「オリンピック・パラリンピック」の東京開催が決定した。「コンパクトな会場配置」を謳い、招致した東京「オリンピック・パラリンピック」であったが、開催が決定すると安倍首相は「国威発揚」のオリンピックを公言して、その質を大きく転換させようとしている。予算額も当初の三倍を超えた二兆円以上にまで膨らむことが確実視されている。

国の威信にかけてメダル獲得に全精力をかける方針を掲げて、優秀な素材の選手発掘とその育成が第一に掲げられている。特に、自衛隊でのオリンピック選手の養成は大きな課題となっている。二〇一六年一〇月に、関係府省庁連絡会議（第六回）が開催され、「政府の取り組みに係る工程表」が発表された。これを受けて防衛省では「自衛隊アスリートの育成及び競技力向上」を掲げている。その最も大きな課題として「世界トップクラスの競技力を有する高校生の獲得等有望選手の獲得の推進」が強調されている。特に、自衛隊では、格闘技や戦闘に準ずる競技等に重点が置かれ、「レスリング、柔道、射撃、ウエイトリフティング、アーチェリー、陸上、水泳、近代五種競技、の九競技にプラスして、女子ラグビー、カヌーの選手を自衛隊の重点育成競技としている。そして「自衛隊体育学校におけるトレーニング機材の取得」「自衛隊体育学校の各種設備整備」掲げ、予算の配分を重点化している。

このように、高校生に向けた自衛隊員のリクルートは、オリンピック選手としての育成の視点からも行われており、大きなお金をかけられオリンピック選手として育てようとしているのである。

日本人の誇りとボランティアマインド

東京都教育委員会は、二〇一四年一〇月に、「東京のオリンピック・パラリンピック教育を考える有識者会議」を設置し、「オリンピック・パラリンピック教育」の目標や内容について検討を始めた。二〇一五年一二月にその「最終提言」が出された。

そこでは、「オリンピック・パラリンピック教育の目標」として次のようなことが述べられている。

①自らの目標を持って自己を肯定し、自らのベストを目指す意欲と態度を備えた人
②スポーツに親しみ、「知」「徳」「体」の調和のとれた人（しかし、「体」が重視されている）
③日本人としての自覚と誇りを持ち、自ら学び行動できる国際感覚を備えた人
④多様性を尊重し、共生社会の実現や国際社会の平和と発展に貢献できる人

ここでは③に「日本人としての自覚と誇り」ということが示されており、オリンピックの本来の意義である「国際平和」は最後にまわされている。

また「オリンピック・パラリンピック教育の基本的視点」として以下のようなことが掲げられている。

①全ての子どもが大会に関わる

②体験や活動を通じて学ぶことを重視する

③計画的・継続的に教育を展開する

ここでは、①に典型的にみられるように、「全ての子ども」たちを東京五輪へ動員することが重視されている。そしてこの「最終提言」の直後の、翌一六年一月に、『『東京都オリンピック・パラリンピック教育』実施方針』が出され、「重点的に育成すべき五つの資質」として以下の五点が示された。①ボランティアマインド、②障害者理解、③スポーツ志向、④日本人としての自覚と誇り、⑤豊かな国際感覚。

ここでは第一に「ボランティアマインド」が示され、同時に「スポーツ志向」によってアスリート育成の基盤を築くことが重視されているのが特徴である。これは、既に見た「全ての子どもが大会に関わる」と関連して、戦前の「総動員」や「勤労奉仕」（ただ働き）を思わせるものがある。現在進められつつある「道徳」の教科化にもつながるものであろう。ちなみに、「有識者会議最終提言」では、「子どもたちのボランティアマインドを高めていくことにより、子どもたちが原動力となって、将来の日本がボランティア文化の進んだ社会へと変わっていくことも期待できる」とまで書いている。

また四番目に「日本人としての自覚と誇り」が書かれている。これは明らかに子どもたちに戦前のような「愛国心」を植え付けることを意図しているものと考えられる。

これらのことは、オリンピックを利用して、子どもたちを国家的プロジェクトに進んで参加する「愛国心」に満ちた「少国民」に育て上げようとするものではないだろうか。

そして、「五つの資質を伸ばすための四つのプロジェクト」として、以下のようなことが打ち出されている。

①東京ユースボランティア

具体的取組例：地域清掃、地域行事、地域防災活動　、スポーツ大会、障害者・高齢者施設等でのボランティア等

②スマイルプロジェクト

具体的取組例：障害者スポーツの観戦や体験等、特別支援学校や特別支援学級の児童・生徒と小・中・高校生との交流、高齢者介護施設や障害者施設の訪問、障害のある人が感じる不便や不安を直接体感する体験活動、障害者アートの鑑賞等

③夢・未来プロジェクト

ここでは「アスリート」たちを学校に派遣することが述べられている。

④世界ともだちプロジェクト（Global Friendship Project）

具体的取組例：地域の留学生や外国　人、インターナショナルスクール、大使館等と交流、等。一部の学校は、選手団との交流、歓迎行事への参加等

都教委は、子どもたちを総動員するためのオリンピック教育を全面展開するよう学校現場に求めているのである。

オリンピック教育の実施と多額の予算

二〇一六年四月から始まった「オリンピック・パラリンピック教育」について具体的に見てみたい。都教委は、二〇一六年度の教育庁関係の予算として一七億九八〇〇万円を計上している。また、これとは別に

「体を鍛える」の項目の予算が組まれており、「体力向上の推進」予算として二億二千九百万円が計上されており、オリンピック教育に便乗して体育優先の教育政策が推進されていることが分かる。

この多額の予算を反映して、小・中・高校の全てで、この教育を年間三五時間（週一時間）をかけることになっているが、これを実施するために各校に三〇万円が支給され、「教育重点校」（一〇〇校）にはさらに二〇万円が支給されることになっている。

そして、公立・国立・私立の小学四年生以上の全員に『オリンピック・パラリンピック学習読本』（小学校編、中学校編、高校編）を与え、各学校には映像教材（ＤＶＤ）を配布し、公立小学校五年生以上の全児童・生徒には都独自英語教材『Welcome to Tokyo』を渡すという力の入れようである。低学年用の「リーフレット」まで出されている。九月からは『オリンピック・パラリンピック学習ノート』も配布された。既に見た「有識者会議」の「最終提言」のフローチャートには、「オリンピック・パラリンピック教育を通じ、子どもへの教育効果を保護者や地域に波及」とか、「子どもたちが原動力となり、家庭・地域を巻き込み、理解を促進」とまで書かれている。

まさに、問題の多い国家プロジェクトに子どもたちを積極的に動員させ、それを社会全体にまで広げようとしている意図が見えるのである。まるで、戦前の「少国民」育成のような政策なのである。

都教委の『オリンピック・パラリンピック読本』の誤りとビラまきによる反対運動

ところで、この『オリンピック・パラリンピック学習読本』では、オリンピックの持つ問題点（「メダル至上主義」、「商業主義」、「ナショナリズム」など）はほとんど指摘されていない。しかし、『オリンピック憲章』では特に「ナショナリズム」を否定して、「オリンピック競技大会は、個人種目または団体種目での選手間の競争であり、国家間の競争ではない」、「各選手団は、公式ユニホームを着用し、選手団の名が書かれたプラカードに先導され、選手団の一人がもつ選手団の旗とともに行進する」、「ＩＯＣ（国際オリンピック委員会）とＯＣＯＧ（オリンピック組織委員会）は国ごとの世界ランキングを作成してはならない」などと述べてある。

それにもかかわらず、『学習読本』では、「マナー」とか「儀礼（プロトコール）」として、「国旗・国歌」が強調されている。例えば、「小学校編」の「第Ⅴ章　2、世界のマナー（国旗・国歌）」では次のように述べてある。

・国旗と国歌
オリンピック・パラリンピックでは、**開会式で選手たちが自国の国旗を先頭に行進します。表彰式では、優勝した選手の国旗をかかげ、国歌を演奏します。**……

しかし、太字部分は「オリンピック憲章」からすれば明らかな誤りである。

また、「国歌」については次のように説明している。

日本の国歌は君が代であり、平安時代につくられた和歌をもとにして、明治時代に今日のような曲がつくられました。**君が代には、日本の国がいつまでもはん栄し続け、平和であることを願う気持ちがこめられています。表彰式の国旗けいようでは、国歌が流されます。**

これも太字部分は全く間違っている。一九三七年刊の「尋常小学修身書巻四」には次のように述べてある。「『君が代の歌は、我が天皇陛下のお治めになる此の御代《みよ》（時代）は、千年も万年も、いや、いつまでもいつまでも続いてお栄えになるやうに』という意味でまことにおめでたい歌であります」と。

ここでも明らかなように、太字部分は子どもたちにウソを教えているのである。

ところで、こうしたオリンピック教育に対する反対運動はまだそれほど広がっているとはいえない。しかし、都内で毎年卒・入学式に「日の丸・君が代」強制反対のビラをまいている団体（一〇団体弱）を中心に「オリンピックってなんだ！」というビラ（第一弾、第二弾、第三弾）を作成し、この間学校や地域で配布してきた。

二〇二〇年東京五輪は、「国威発揚」のための一大国家プロジェクトとして、児童・生徒をも巻き込んだ、挙国一致の「総動員体制」作りとして進められつつある。引きつづき新しいビラを作り、その問題点や危険性を多くの人々に知らせていきたい。

資料①

二〇一六年四月二八日付要請書に対する回答書について

平成二八年四月二八日

高校生をリクルートする自衛隊・自衛隊の手法を取り入れる教育行政編集委員会　殿

東京都教育庁総務部教育情報課長
矢野克典

要請書に対する回答について

貴団体から平成二八年四月七日付けで提出された要請書につきまして、別紙のとおり回答いたします。

別紙

（1）二〇一二年度都立田無工業高校生、また二〇一四年度は都立大島高校生が自衛隊駐屯地で「防災訓練」の名目で二泊三日の「隊内生活体験」を実施いたしました。（中略）防衛省にはもともと「防災訓練」のプログラムが存在していないことがあきらかになっています。このために、わたくしたちは、この矛盾を指摘し、二〇一四年一一月一九日に都教委に対して質問をしたところ「あくまでも防災訓練である」の回答だけでありました。次に翌年五月一一日付の「要請書」において再度この点を質問しました。その回答が六月一〇日付でありましたが、この点についての質問については無回答でありました。そこで、何故に回答されなかったかについて、昨年七月三一日付で要請させていただきましたが、八月二一日回答は「前回の回答通り、防災訓練をしています」でありました。（中略）このような不誠実な回答を繰り返されるならば、都民として特別な措置を求めることになります。つきましては、この点についての都教委としての見解を求めます。

（回答）

前回の回答のとおり防災訓練として実施しました。東日本大震災等の発生時の対応のように、豊富な知識や高い技術を有している自衛隊と連携して防災訓練を実施することは、大変有効です。（所管：指導部高等学校教育指導課）

（2）武山駐屯地での大島高校生の訓練では、生徒の顔が認識できる写真が同駐屯地の広報誌（二〇一五年一月一日号）に掲載されています。この点についても六月一〇日の要請で指摘させていただきましたが、「他の機関が掲載してたものであり、お答えできません」の回答でした。そこで再度七月三一日の要請でもこの点を指摘しましたが、全く同じ回答でしかありませんでした。金子指導部長をはじめ、都教委指導主事などが参加し、指導した訓練です。そこで、以下の点を確認したいと思います。

①この「他の機関が掲載したものであり、お答えできません」（所管：指導部高等学校教育指導課）の回答は、都教委には全く責任がない、という趣旨の回答なのでしょうか。

②生徒には、その場で写真を撮る許可を得ているようですが、広報誌に掲載の許可を得ていません。顔写真は最大の個人情報に当たります。生徒の個人情報の無断の流出については法令でも禁じられています。この責任者は金子指導長でありますが、この点についてどのようにお考えでしょうか。同様な「回答できない」では済むことではありません。

（回答）

「広報誌（二〇一五年一月一日号）」は、他の機関が発行し、掲載したものです。責任の所在を問われてもお答えできません。（所管：指導部高等学校教育指導課）

（3）都教委発出の防災教育の要綱では「上級救命士」を取得することが示されています。ところが、防衛省では同救命士の取得に関する講習を実施していないことを明言しています。（中略）この二月に出された「都立高校改革推進実施計画」では、消防庁や赤十字等と例示されていますが自衛隊の文字はありません。このため、本会で直接都教委の担当者に電話で問い合わせたところ、「等」の中に入っているとの回答でした。以上のことから次におこたえください。

①二〇一六年度の防災訓練の連携機関から「自衛隊」は消えていると考えてよいですか。

②「等」の標記には自衛隊が含まれているとするならば、ここで言う防災に関する資格として自衛隊ではどのような資格取得が想定されているのでしょうか。

（回答）

自衛隊は、地震や水害などの災害救助において大きな力を発揮しており、発災時の対応や防災に関する知識・技術や実体験を防災訓練などを通して学ぶことは、大変有効であると考えます。（所管：指導部高等学校教育指導課）

（4）都立練馬工業高校は、二〇一〇年より毎年、「教科『奉仕』による災害救助活動体験」の実践を自衛隊練馬駐屯地で学年全体引率して実施しています。この実施要綱の名称にもあるように生徒・保護者には「奉仕」の「災害活動体験」であると文書を出しています。ところが、防衛省東京地本は、この練馬工業高校の実践を受け入れるにあたり、「青少年防衛講座実施」の文書を内部で出しており、そこでは「平成二五年一一月二一日（木）、受講者練馬工業高校一学年一八四名（引率教員一〇名を含む）」と学校名も特定された文書が出されています。この文書によると「目的」として「自衛隊に対する親近感を醸成するとともに防衛を理解するため」と書かれており、その目的が全く異なっているのです。ここでは「奉仕」の言葉もありませんし、「災害活動」の文字もありません。「防災」よりも「防衛」のための講座を実施しているというべきです。ここでも、生徒・保護者に向けた名目と実際とが異なっています。このようなまるで「だまし」のような防衛教育の実施はどのような教育課程の位置づけで都教委は「許可」を出したのでしょうか。

（回答）

　教育課程の編成及び実施に関しては、各学校において校長の責任の下、決定しています。（所管：指導部高等学校教育指導課）

（5）都教委はキャリア教育の推進を標榜してインターンシップを実施しています。（中略）このような命を賭した職業であることが適切に伝えられることなく実施されています。自衛隊を職業として否定するつもりはありませんが、特殊な職業であり、インターンシップの対象としては馴染まないように思います。インターンシップの対象から自衛隊を除外することが必要だと思います。教育委員会の考えをお願いします。

（回答）

　インターンシップでは、多種多様な体験の機会を与えることにより、職業観や勤労観、更には進路を主体的に選択する能力を育成できると考えます。（所管：指導部高等学校教育指導課）

（6）昨年九月一日に立川市で大規模な総合防災訓練が実施されました。この防災訓練に都立高校生、都立養護学校生、及び市内の中学生や小学生が動員されています。この児童・生徒の動員には都教委が介在しており、文書で指示しています。（中略）このような総合防災訓練の名のもとに「防衛教育」ともいえる教育を実施することは、総合防災訓練の趣旨とは全く異なっています。これまでのような、「他団体だから答えられない」等の無責任な回答ではなく、こうした防衛教育の是非に対する都教委の見解をお答えください。

（回答）

　災害時において公助としての役割を果たしている自衛隊を含めた、防災に関する様々な関係機関が連携して、災害救助についての防災訓練を実施していると理解しています。（所管：指導部高等学校教育指導課）

資料②

関係法令（抜粋）

1、自衛隊法
2、自衛隊法施行令
3、住民基本台帳法
4、子どもの権利条約

自衛隊法（昭和二九年六月九日法律第一六五号）

（地方協力本部）
第二九条　地方協力本部においては、地方における渉外及び広報、自衛官及び自衛官候補生の募集その他防衛大臣の定める事務を行う。
2　地方協力本部に、地方協力本部長を置き、自衛官又は事務官をもつて充てる。
3　地方協力本部長は、防衛大臣の定めるところにより、方面総監の指揮監督を受け、部務を掌理する。

（隊員の採用）
第三五条　隊員の採用は、試験によるものとする。ただし、試験以外の能力の実証に基く選考によることを妨げない。
2　前項の試験は、受験者が、次の各号に掲げる区分に応じ、当該各号に定める能力及び適性（自衛官にあつては、能力。第三七条において同じ。）を有するかどうかを判定することをもつてその目的とする。
一　自衛官　当該試験に係る階級において求められる能力
二　自衛官以外の隊員　当該試験に係る官職の属する職制上の段階の標準的な官職に係る標準職務遂行能力及び当該試験に係る官職についての適性
3　第一項の試験及び選考その他隊員の採用の方法及び手続に関し必要な事項は、防衛省令で定める。

第八章　雑則

（都道府県等が処理する事務）
第九七条　都道府県知事及び市町村長は、政令で定めるところにより、自衛官及び自衛官候補生の募集に関する事務の一部を行う。
2　防衛大臣は、警察庁及び都道府県警察に対し、自衛官及び自衛官候補生の募集に関する事務の一部について協力を求めることができる。
3　第一項の規定により都道府県知事及び市町村長の行う事務並びに前項の規定により都道府県警察の行う協力に要する経費は、国庫の負担とする。

自衛隊法施行令（昭和二九年六月三〇日政令第一七九号）平成一九年七月一日

（海上自衛官及び航空自衛官の募集事務）
第一一八条　都道府県知事及び市町村長は、第一一四条から前条までの規定の例により、二等海士として採用する海上自衛官又は二等空士として採用する航空自衛官の募集に関する事務を行う。

（広報宣伝）
第一一九条　都道府県知事及び市町村長は、自衛官の募集に関する広報宣伝を行うものとする。

（報告又は資料の提出）
第一二〇条　防衛大臣は、自衛官の募集に関し必要があると認めるときは、都道府県知事又は市町村長に対し、必要な報告又は資料の提出を求めることができる。

住民基本台帳法

（国又は地方公共団体の機関の請求による住民基本台帳の一部の写しの閲覧）
第一一条　国又は地方公共団体の機関は、法令で定める事務の遂行のために必要である場合には、市町村長に対し、当該市町村が備える住民基本台帳のうち第七条第一号から第三号まで及び第七号に掲げる事項（同号に掲げる事項については、住所とする。以下この項において同じ。）に係る部分の写し（第六条第三項の規定により磁気ディスクをもつて住民票を調製することにより住民基本台帳を作成している市町村にあつては、当該住民基本台帳に記録されている事項のうち第七条第一号から第三号まで及び第七号に掲げる事項を記載した書類。以下この条、次条及び第五〇条において「住民基本台帳の一部の写し」という。）を当該国又は地方公共団体の機関の職員で当該国又は地方公共団体の機関が指定するものに閲覧させることを請求することができる。

2　前項の規定による請求は、総務省令で定めるところにより、次に掲げる事項を明らかにしてしなければならない。

一　当該請求をする国又は地方公共団体の機関の名称

二　請求事由（当該請求が犯罪捜査に関するものその他特別の事情により請求事由を明らかにすることが事務の性質上困難であるもの（次項において「犯罪捜査等のための請求」という。）にあつては、法令で定める事務の遂行のために必要である旨及びその根拠となる法令の名称）

三　住民基本台帳の一部の写しを閲覧する者の職名及び氏名

四　前三号に掲げるもののほか、総務省令で定める事項

3　市町村長は、毎年少なくとも一回、第一項の規定による請求に係る住民基本台帳の一部の写しの閲覧（犯罪捜査等

のための請求に係るものを除く。）の状況について、当該請求をした国又は地方公共団体の機関の名称、請求事由の概要その他総務省令で定める事項を公表するものとする。

（個人又は法人の申出による住民基本台帳の一部の写しの閲覧）

第一一条の二　市町村長は、次に掲げる活動を行うために住民基本台帳の一部の写しを閲覧することが必要である旨の申出があり、かつ、当該申出を相当と認めるときは、当該申出を行う者（以下この条及び第五〇条において「申出者」という。）が個人の場合にあつては当該申出者又はその指定する者に、当該申出者が法人（法人でない団体で代表者又は管理人の定めのあるものを含む。以下この条及び第一二条の三第四項において同じ。）の場合にあつては当該法人の役職員又は構成員（他の法人と共同して申出をする場合にあつては、当該他の法人の役職員又は構成員を含む。）で当該法人が指定するものに、その活動に必要な限度において、住民基本台帳の一部の写しを閲覧させることができる。

一　統計調査、世論調査、学術研究その他の調査研究のうち、総務大臣が定める基準に照らして公益性が高いと認められるものの実施

二　公共的団体が行う地域住民の福祉の向上に寄与する活動のうち、公益性が高いと認められるものの実施

三　営利以外の目的で行う居住関係の確認のうち、訴訟の提起その他特別の事情による居住関係の確認として市町村長が定めるものの実施

【公益性判断基準】

2　前項の申出は、総務省令で定めるところにより、次に掲げる事項を明らかにしてしなければならない。

一　申出者の氏名及び住所（申出者が法人の場合にあつては、その名称、代表者又は管理人の氏名及び主たる事務所の所在地）

二　住民基本台帳の一部の写しの閲覧により知り得た事項（以下この条及び第五〇条において「閲覧事項」という。）の利用の目的

三　住民基本台帳の一部の写しを閲覧する者（以下この条及び第五〇条において「閲覧者」という。）の氏名及び住所

四　閲覧事項の管理の方法

五　申出者が法人の場合にあつては、当該法人の役職員又は構成員のうち閲覧事項を取り扱う者の範囲

六　前項第一号に掲げる活動に係る申出の場合にあつては、調査研究の成果の取扱い

七　前各号に掲げるもののほか、総務省令で定める事項

3　個人である申出者は、前項第二号に掲げる利用の目的（以下この条及び第五〇条において「利用目的」という。）を達成するために当該申出者及び閲覧者以外の者に閲覧事項を取り扱わせることが必要な場合には、第一項の申出をする際に、その旨並びに閲覧事項を取り扱う者として当該申出

者が指定する者の氏名及び住所をその市町村長に申し出ることができる。

4　前項の規定による申出を受けた市町村長は、当該申出に相当な理由があると認めるときは、その申出を承認することができる。この場合において、当該承認を受けた申出者は、当該申出者が指定した者（当該承認を受けた者に限る。以下この条及び第五〇条において「個人閲覧事項取扱者」という。）にその閲覧事項を取り扱わせることができる。

5　法人である申出者は、閲覧者及び第二項第五号に掲げる範囲に属する者のうち当該申出者が指定するもの（以下この条及び第五〇条において「法人閲覧事項取扱者」という。）以外の者にその閲覧事項を取り扱わせてはならない。

6　申出者は、閲覧者、個人閲覧事項取扱者又は法人閲覧事項取扱者による閲覧事項の漏えいの防止その他の閲覧事項の適切な管理のために必要な措置を講じなければならない。

7　申出者、閲覧者、個人閲覧事項取扱者又は法人閲覧事項取扱者は、本人の事前の同意を得ないで、当該閲覧事項を利用目的以外の目的のために利用し、又は当該閲覧事項に係る申出者、閲覧者、個人閲覧事項取扱者及び法人閲覧事項取扱者以外の者に提供してはならない。

8　市町村長は、閲覧者若しくは申出者が偽りその他不正の手段により第一項の規定による住民基本台帳の一部の写しの閲覧をし、若しくはさせた場合又は申出者、閲覧者、個人閲覧事項取扱者若しくは法人閲覧事項取扱者が前項の規定に違反した場合において、個人の権利利益を保護するため必要があると認めるときは、当該閲覧事項に係る申出者、当該閲覧をし、若しくはさせた者又は当該違反行為をした者に対し、当該閲覧事項が利用目的以外の目的で利用され、又は当該閲覧事項に係る申出者、閲覧者、個人閲覧事項取扱者及び法人閲覧事項取扱者以外の者に提供されないようにするための措置を講ずることを勧告することができる。

9　市町村長は、前項の規定による勧告を受けた者が正当な理由がなくてその勧告に係る措置を講じなかつた場合において、個人の権利利益が不当に侵害されるおそれがあると認めるときは、その者に対し、その勧告に係る措置を講ずることを命ずることができる。

10　市町村長は、前二項の規定にかかわらず、閲覧者若しくは申出者が偽りその他不正の手段により第一項の規定による住民基本台帳の一部の写しの閲覧をし、若しくはさせた場合又は申出者、閲覧者、個人閲覧事項取扱者若しくは法人閲覧事項取扱者が第七項の規定に違反した場合において、個人の権利利益が不当に侵害されることを防止するため特に措置を講ずる必要があると認めるときは、当該閲覧事項に係る申出者、当該閲覧をし、若しくはさせた者又は当該違反行為をした者に対し、当該閲覧事項が利用目的以外の目的で利用され、又は当該閲覧事項に係る申出者、閲覧者、個人閲覧事項取扱者及び法人閲覧事項取扱者以外の者に提供されないようにするための措置を講ずることを命ずることができる。

11　市町村長は、この条の規定の施行に必要な限度において、申出者に対し、必要な報告をさせることができる。

12　市町村長は、毎年少なくとも一回、第一項の申出に係る住民基本台帳の一部の写しの閲覧（同項第三号に掲げる活動に係るものを除く。）の状況について、申出者の氏名（申出者が法人の場合にあつては、その名称及び代表者又は管理人の氏名）、利用目的の概要その他総務省令で定める事項を公表するものとする。

子どもの権利条約

第三八条

1　締約国は、武力紛争において自国に適用される国際人道法の規定で子どもに関係を有するものを尊重し及びこれらの規定の尊重を確保することを約束する。

2　締約国は、一五歳未満の者が敵対行為に直接参加しないことを確保するためのすべての実行可能な措置をとる。

3　締約国は、一五歳未満の者を自国の軍隊に採用することを差し控えるものとし、また、一五歳以上一八歳未満の者の中から採用するに当たっては、最年長者を優先させるよう努める。

4　締約国は、武力紛争において文民を保護するための国際人道法に基づく自国の義務に従い、武力紛争の影響を受ける児童の保護及び養護を確保するためのすべての実行可能な措置をとる。

「教育に浸透する自衛隊」編集委員会

永井栄俊（立正大学非常勤講師）
中川信明（練馬教育問題交流会）
坂本茂（練馬平和委員会）
渥美昌純（米軍・自衛隊参加の東京都総合防災訓練に反対する実行委員会）
内野なおき（東京都武蔵村山市議会議員・共産党）
酒井宏明（日本共産党群馬県議会議員）
林一子（ふぇみん婦人民主クラブ）
小野政美（憲法と教育を守る愛知の会）
吉田正弘（『日の丸・君が代』強制反対・不起立処分を撤回させる大阪ネット）
渡部秀清（都教委包囲首都圏ネットワーク）

〈協力〉「ひのきみ全国ネット」（「日の丸・君が代」強制反対・止めよう！安倍政権の改憲・教育破壊　全国ネットワーク）
山下けいき（大阪府茨木市議会議員・新社会党）
けしば誠一（東京都杉並区議会議員・無所属）
伊地智恭子（東京都多摩市議会議員・社民党）
阿部知子事務所（衆議院議員・民進党）

教育に浸透する自衛隊
「安保法制」下の子どもたち

2017年4月28日　　初版第1刷

編　者　　「教育に浸透する自衛隊」編集委員会
発行者　　高井　隆
発行所　　株式会社同時代社
〒101－0065　東京都千代田区西神田2－7－6
電話 03(3261)3149　FAX 03(3261)3237
組　版　　有限会社閏月社
印　刷　　中央精版印刷株式会社

ISBN978-4-88683-818-6